멘탈의 연금술

MENTALE

어떻게 한계를 넘어 기적을 만드는가

보도 섀퍼 지음 | 박성원 옮김

ALCHEMIE

ORNADO
토 네 이 도

머리말

자신의 뜻을 관철시키는 사람이 되고 싶은가?

그렇다면 먼저, 뭔가를 과감하게 시작해야 한다. 그냥 시작하는 게 아니라 '과감하게' 시작해야 한다. 그냥 시작하는 것과 과감하게 시작하는 것은 어떻게 다른가?

그냥 시작한 것들은 대체로 중도 포기를 통해 연기처럼 사라진다. 반면에 결단과 용기, 명료한 의도를 갖고 시작한 것들은 대부분 어떻게든 끝을 본다.

'항상 끝을 보는 것.'

그것이 진정한 '시작'이다. 끝을 보고야 말겠다는 강력한 의지가 목표 달성을 이끈다. 모든 꿈이 이루어지는 바닥을 다지

게 한다. 그래서 나는 이 책을 펼친 당신에게 첫 장부터 마지막 장까지 이렇게 주문할 것이다.

"대담하게 시작하라. 끝을 보라. 당신이 원하는 성공은 끝을 보고 난 후에 비로소 시작된다는 사실을 잊지 마라."

그렇다. 진정한 성공이란 그 무엇에도 가로막히거나 저지당하지 않는 상태에 놓이는 것이다. 오해하지 마라. 문제, 갈등, 시련, 두려움, 장애물이 해결되거나 없어진 상태가 아니다. 그것들은 언제나 그 자리에 있다. 다만 성공하는 사람들은 그것들에 '개의치 않는다'는 것이다. 개의치 않는, 막힘이 없는 상태에 놓일 때 마침내 우리의 삶은 한 걸음, 한 걸음 전진할 수 있다.

어떻게 해야 이 같은 상태에 놓일 수 있을까?

유일한 방법은 '멘탈mental 혁명'이다. 언제나 그 자리에 존재하는 부정적인 쓰레기들을 황금으로 바꿔낼 줄 아는 멘탈 연금술만이 우리를 성공의 상태로 이끈다.

이 책을 쓴 나는 역설적이게도 난독증을 갖고 있었다. 학창 시절에는 낙제를 겨우 면하는 수준이었다. 대부분의 삶이 그렇겠지만, 성장하는 동안 내게도 너무나 많은 문제와 두려움이 찾아왔고, 끊임없이 포기의 유혹에 시달렸다. 급기야 스물여섯 살에 파산 선고를 받았고 자포자기한 채 끝 모를 바닥으로 곤두박질쳤다.

하지만 나는 서른 살에 백만장자가 되었다. 경제적 자유를 얻었다. 독일 최고의 언론 〈슈피겔Spiegel〉이 선정한 베스트셀러를 여섯 권 저술했고, 그중 세 권은 전 세계 베스트셀러 차트에 올랐다.

나는 어렸을 때부터 사람들 앞에서 말하는 것이 끔찍하게 두려웠다. 한 번은 교회에서 시를 낭송해야 했는데, 극도로 긴장한 나머지 아랫니와 윗니가 맞부딪치며 나는 덜덜 떨리는 소리가 마이크를 통해 생생하게 울려퍼지기도 했다. 하지만 나는 2006년, 모스크바 올림픽 주경기장에 모여든 3만 5,000명이 넘는 관중의 기립박수를 받는 강연에 성공했다.

파산자에서 백만장자가 되기까지, 내게 어떤 매직이 일어났던 것일까? 수십 년 세월이 흐른 지금도 나는 생생하게 그 답을 알고 있다.

두려움과 절망에 가득 차 있던 내가 더 이상 두려움을 두려워하지 않게 되었다. 절망에 깊이 빠져 허우적거리던 상태에서 벗어나, 오히려 그 절망을 위로할 수 있게 되었다.

이 책을 읽어가는 동안 당신은 내게 일어난 이 놀라운 일을 목격하게 될 것이다. 나의 멘탈을 바꾼 혁명 같은 연금술이 당신에게 적용되는 흥미진진한 경험을 얻게 될 것이다.

경제적 자유를 얻은 서른 살 이후 나는 전 세계를 돌아다니며 수많은 '멘탈 연금술사'를 만날 수 있었다. 그들과의 열띤 토론, 대화, 교감을 통해 인생에는 뛰어넘어야 할 커다란 장애물 셋이 존재한다는 사실을 알게 되었다.

첫째, 포기의 유혹이다.
둘째, 두려움이다.
셋째, 크고 작은 문제들의 연속적 발생이다.

이 3가지는 결정적일 때마다 발목을 붙잡는 족쇄가 되기도 하고, 성공으로 이끄는 황금의 재료가 되어주기도 한다. 결국 성공과 실패는 이 3가지의 도전 과제를 어떻게 수행하느냐에 달려 있다. 담대한 성공을 거둔 멘탈의 연금술사들은 이렇게 말했다.

"황금은 채굴되는 것이 아니다, 만들어지는 것이다."

나는 이 말에 전적으로 동의한다. 황금을 얻고 싶은가? 그렇다면 반드시 유리 멘탈부터 갈아 끼워야 한다.

언젠가 교황 요한 바오로 2세의 비공식 접견에 초청받은 적이 있었다. 당시 교황은 테러 공격을 받아 심각한 부상을 입은 상태였다. 우리는 그의 '두려움'에 대해 이야기를 나누었다.

영화배우 장클로드 반담은 매우 혹독한 길을 걷고 있었다. 내가 그에게 멘탈의 연금술에 관한 이야기를 꺼냈을 때 그는 나를 와락 껴안았다. "바로 그거예요!"

글로벌 CEO이자 억만장자인 리처드 브랜슨 경은 세미나에서 만난 나와 함께 불안과 문제를 다루는 힘에 대해 뜨거운 토론을 벌였다. 미국 대통령직을 역임한 빌 클린턴, 전설적인 복서 비탈리 클리츠코와 블라디미르 클리츠코 형제, 밀리언셀러 《부자 아빠 가난한 아빠》를 쓴 로버트 기요사키, 독일 총리를 지낸 헬무트 콜, 축구 스타 프란츠 베켄바우어와 올리버 칸, 동기부여 전문가 토니 로빈스와 잭 캔필드 등등……. 자기 분야에서 정상에 오른 내로라하는 인물들을 만났을 때 그들이 가장 중요하게 여기고, 가장 긴급하게 다루는 대화 주제가 무엇이었는지 아는가?

"포기하고 싶을 때마다 그걸 어떻게 견뎠나요?"
"그런 결정을 내리고도 정말 두렵지는 않았나요?"
"그 어려운 문제들을 어떻게 해결했나요?"

이게 전부다. 성공한 사람들은, 또 다른 성공한 사람들을 만났을 때 이 3가지를 가장 궁금해했다. 이 3가지를 극복할 수 있는 새로운 방법과 영감, 힌트, 단서를 찾는 데 에너지와 시간을 집중했다.

포기의 유혹, 두려움, 문제들은 절대 사라지지 않는다. 이

3가지에 구애받지 않는 삶을 살려면, 이 3가지를 잘 다룰 줄 알아야 한다. 이 3가지에 각각 다른 이름을 붙여, 이 3가지의 영향력 밑에 놓이지 않아야 한다.

다시 말하지만 거의 유일한 해법은 취약한 멘탈을 바꾸는 것이다. 수백, 수천 명에 이르는 명성 높은 인물들과 교류하며 얻은 가장 지혜로운 깨달음은 이것이다.

'이 세상에서 성공한 사람은 모두 멘탈의 연금술사다.'

연금술사들에게 성공의 정의에 대해 물었을 때 가장 인상 깊었던 답은 다음과 같다.

"성공이란, 잠재력을 최대한 펼치는 사람이 되는 것이다."

우리가 '끝'을 보지 못하고 중도 포기하는 이유는 능력이 부족해서가 아니다. 능력을 충분히 펼치지 못해서다.

다음의 질문을 천천히 생각해보라.

'당신은 당신의 능력을 명쾌하게 정의할 수 있는가?'

당신 능력의 한계선이 어디서부터 어디까지인지, 길이와 넓이, 깊이 등을 정확하게 계산해낼 수 있는가? 그렇다면 당신에겐 연금술이 필요치 않다. 당신은 자신을 너무나도 잘 아는 비범한 능력자이기 때문이다.

내가 만난 사람들은 모두 고개를 저었다. 대부분의 사람은 자기 능력의 한계를 알지 못한다. 우리가 할 수 있는 유일한 일은 능력의 측정이 아니라, 능력을 최대한 펼칠 수 있는 시공간의 확보다.

이것이 멘탈 연금술의 핵심이다. 능력이 부족한 사람은 많지 않다. 능력을 증명할 기회를 얻지 못한 사람이 차고 넘칠 뿐이다. 적재적소에서 능력을 최대한 펼치는 사람이 되면, 삶은 한 차원 더 높아진다. '이것이 내가 할 수 있는 일인가?'라는 질문을 숙고하는 데 시간을 쓰지 마라. '이것을 어떻게 해야 내가 해낼 수 있는가?'에 집중하라.

빚더미에 눌려 있고, 과체중이며, 감정 기복이 심하고, 끊임없이 염려하고, 성공하리라 별 기대하지 않으며, 언젠가 부자가 되리라 상상도 하지 못하는 스물여섯 살 청년을 다시 한 번 소개한다. 청년의 이름은 보도 섀퍼. 그리고 지금 당신이 읽고 있는 이 책의 표지에 박힌 이름 또한 보도 섀퍼. 하지만 이 둘은 완전히 다른 사람이다.

무너질 대로 무너진 보도 섀퍼를 전혀 다른 의미의 이름으로 만드는 데 나는 4년이라는 시간이 걸렸다. 4년 동안 포기의 유혹, 두려움, 크고 작은 문제들을 극복하는 놀라운 지혜를 배울 수 있었다. 그러니 당신 또한 지금 이 순간, 삶의 한 부분 또는 대부분이 부서지고 무너져 있다 할지라도 걱정할 필요 없다.

이 책을 따라가라.

연금술사들에게 귀 기울여라.

홀로 감당하지 않아도 된다는 사실을 깨달아라.

인내심만 갖고 나서라.

이 책이 기꺼이 당신을 도울 것이다.

절대 사라지지 않는 간절한 것이 있는가?

마음껏 펼쳐보라.

1장 멘탈 연금술사는 버티기의 천재다

2장 두려움의 용을 쓰러뜨려라

3장 세상 모든 장애물을 황금으로 만들어라

1장

멘탈 연금술사는 버티기의 천재다

MENTALE ALCHEMIE

"포기하는 것을 포기하라,
마법 같은 도약이 일어날 것이다."

버티는 자가 이긴다

∵ 강력한 멘탈을 가진 연금술사
는 버티는 데 각별한 재능을 갖고 있다. 이는 진리다. 버티지
못하고 포기하는 사람은 성공할 수 없다. 하지만 여기 또 하나
의 진리가 있다. 사람은 누구나 '포기해버릴까?' 하는 생각을
한 번쯤은 해봤다는 것이다. 연금술사 또한 예외는 아니다. 따
라서 포기해버릴까 하는 유혹에 빠지는 것은 인간이라면 지
극히 당연한 일이다. 자책할 필요도 죄책감을 가질 필요도 없
다. 당혹스럽거나 깜짝 놀랄 일도 아니다. 유혹에 빠지는 것,
망설이고 주저하는 것은 인간의 본성이다.

질문을 해보자.

"당신은 언제 포기를 고민하는가?"

처음에 품었던 기대치와 다른 상황에 놓일 때일 것이다. 그래서 몹시 실망스러울 때일 것이다. 모든 일이 더 빨리, 더 쉽게, 더 멋지게 진행되지 않을 때일 것이다. 곰곰이 생각해보면 지금껏 당신이 포기해온 것들은 모두 이와 똑같은 패턴을 갖고 있을 것이다.

강력한 리더십의 소유자였던 윈스턴 처칠Winston Churchill은 이렇게 말했다.

"절대, 절대, 절대 포기하지 마라!"

유감스럽게도 처칠의 이 유명하고도 열정적인 권유는 더 이상 21세기를 살아가는 우리의 가슴을 뜨겁게 달구지 못하는 것 같다. 무조건 포기하지 말라는 외침보다는 내가 만났던 연금술사들의 다음과 같은 제안이 포기의 유혹을 무력화하는 데 더 큰 도움이 될 것 같다.

"버텨라, 그러면 기회가 찾아올 것이다."

세상에서 가장 어려운 일이 무엇일까? '이기는 것'이다. 좀 더 정확히 말하면 '예상대로 착착 진행되고 맞아 떨어져 쉽게 이기는 것'이다. 세상에 이보다 더 어려운 일이 있을까! 그래서 우리는 대부분 중도에 포기하고 주저앉는다.

분명 버티기는 포기보다 어렵다. 하지만 '쉽게 이기는 것'보다는 쉽다. 나아가 쉽고 빠르게 이긴 사람보다 버티면서 기회를 얻어 이긴 사람이 세상에 몇만 배는 더 많다. 성공한 셀럽들을 보라. 그들은 대부분 길고 긴 무명의 시간을 버텨낸 사람이다. 전 세계에서 1,000만 부 이상 판매된 나의 첫 책도 처음에는 57군데 출판사에서 거절을 당했다. 그 거절을 버티지 못했다면 나는 작가로서 아무런 명예도 얻지 못했을 것이다. 마침내 승리해 인터뷰나 수상 소감을 전하는 사람들의 80퍼센트 이상은 파란만장한 시간을 버텨낸 감격의 눈물을 보인다.

연금술사들은 말한다.

"버티는 데 성공하는 것, 이것이 성공의 정의이고, 진정한 승리다."

나는 지금 당신이 어떤 상황에 처해 있는지 알지 못한다. 어쩌면 당신은 포기하기 직전에 마지막으로 이 책을 집어 들었을 수도 있다. 진심을 다해 당부한다.

'버텨라.'

포기하고 무대 뒤로 사라지면 다시는 무대에 설 기회를 얻을 수 없다. 이기려고 애쓰지 마라. 버티는 데 집중하라. 버티면 힘이 붙는다. 힘이 붙으면 이긴다.

'여기서 포기할 것인가?'를 대신해 '여기서 어떻게 더 버틸 것인가?'를 생각하라. 그것이 현명한 사람의 선택이다. 포기를 고민하는 것은 당신에게 '상처'를 주고, 버티기를 궁리하는 것은 당신에게 '답'을 주기 때문이다.

포기를 미화하지 마라

: 늘 작심삼일에 그치는, 포기를
밥 먹듯 하는 사람들의 주요 특징 중 하나는, "이제 난 포기할
거야"라고 절대 말하지 않는다는 것이다. 그들은 포기라는 단
어보다 훨씬 그럴듯하게 들리는 다양한 표현을 찾아내 사용
한다. 이솝 우화에 등장하는 포도 따기 시도를 포기한 여우가
'포도가 아직 덜 익어 맛이 없을 거야'라고 합리화하듯 말이다.

포기라는 단어를 포장하고 싶어 하는 것도 어렵잖게 납득
이 가는 일이긴 하다. 포기를 고민하는 사람들은 대부분 감정
의 골짜기에 깊이 빠져 있다. 따라서 자신의 기대치에 부합하
지 않는, 자신을 고생스럽게 만드는 상황에 머무르지 않으려

고 하는 태도는 그들에게 논리적이고 합당하다. 그들은 이미 자신을 좀 더 행복하게 만들어주는 것처럼 보이는, 자신에게 더 많은 전망을 제공해주는 것처럼 보이는 또 다른 행동에 마음을 빼앗긴 상태다. 즉 포기를 고민하고 있다는 것은, 이미 포기를 했다는 뜻이다. 앞에서도 말했듯이 '포기'라는 단어를 우리 삶에서 완전히 추방하는 것은 불가능하다. 인간은 끊임없이 선택과 포기의 기로에 놓이기 때문이다. 단, 포기와 관련해 우리 삶에서 완전히 없앨 수 있는 것이 있다. 바로 '변명'이다.

"열심히 했으니까 됐어."
"결과보다는 과정이 중요하지."
"도전해본 것만으로도 충분한 가치가 있어."
"이 정도 한 게 어디야? 다음엔 좀 더 잘해보자!"

이 모두가 그럴듯하고 위안을 주는 말이다. 하지만 냉정하게 말하면 이는 모두 변명과 자기 합리화일 뿐이다. 내가 만난 연금술사들은 이렇게 말했다.
"'그래, 인정한다, 내가 더 버티지 못하고 깨끗이 포기했다는 것을.' 포기했다는 사실을 정면으로 바라보게 하는 이 한마디가 현실의 나를 차갑게 일깨워준다."
포기는 언제든 일어나는 일이다. 하지만 포기할 때마다 그것을 감쌀 미사여구가 많아질수록 우리는 점점 더 포기에 익숙해지고, 포기가 쳐놓은 그물에 갇혀 있음에도 압박과 억압을 느끼지 못하게 된다. 포기를 아무렇지도 않게 받아들이는 삶에 어떤 발전이 있겠는가.

포기를 냉정하고 철저하게 받아들이되, 결코 미화하지 마라. 포기를 '포기'라는 정확한 명칭으로 불러야 한다. 포기에 변명을 다는 순간 우리는 현실을 왜곡되게 인지한다.

연금술사들의 말을 좀 더 들어보자.

"포기를 냉철하게 받아들인 사람의 다음 행동은 '반성'이다. 끝까지 가지 못한 이유들을 이성적으로 분석하고, 이 또한 차가운 머리로 받아들인다. 반면에 포기를 미화한 사람의 다음 행동은 '실망'이다. 성공에 가장 위험한 요소가 있다면 실망이다. 실망은 이성적 판단을 차단시켜 우리를 부정적 감정에 휩싸이게 한다. '실망'이라는 안경을 통해 바라보는 대상과 현실이 '진실'이라고 믿는 사람의 성공 확률은 제로다."

미화, 변명, 핑계, 위로는 마약과 같다. 마약에 취한 사람이 세상을 직시할 리 없다. 그저 취했다가, 깨어나는 것이 두려워 다시 찾는 마약에 의지해 할 수 있는 일이 무엇이겠는가. 마약을 끊지 않은 채 성공을 위해 열심히 하겠다는 태도가 어떤 설득력을 가지겠는가. 담배를 피우면서 마라톤 완주를 하겠다는 게 우리 삶의 참된 목적이 될 수 있겠는가.

정말 열심히 했다면, 최선의 노력을 다했다면, 지금 여기까지 과정을 잘 끌고 왔다면, 포기하지 말고 버텨라. 일단 끝을 맛보면, 정말 삶이 달라진다. 끝에 도착하면 전혀 상상도 못한 것들이 우리를 기다린다.

연금술사들은 말한다.

"특히 부정적 감정에 휩싸여 있을 때는 절대 포기해서는 안 된다. 감정의 골짜기에 빠져 있을 때 어떤 행동을 중단하면 앞으로 살아가면서 그 생각에서 헤어날 수가 없다. 마음 깊숙이 도사리고 있던 아쉬움과 회한이 고개를 쳐든다. '만일 내가 계속했더라면 어떻게 되었을까?' '내가 내 자신에게 너무 쉽게 진 건 아닐까?' 삶에서 중단해도 되는 유일한 경우는 정상에 올랐을 때다."

언제나 진리는 간단하다. 포기를 한 것에는 어떤 미련도 갖지 마라. 깨끗하게 단념하라. 더 많이 행동하고, 더 열심히 일하라. 그리고 정상에 올라선 뒤에 비로소 결정을 내려라.

정상에 오르면
알게 되는 것들

: 정상에 도착하고 나면 당신은 어떤 것을 선택해야 하는지 자연스럽게 알게 된다. 가장 높은 곳에서 전체를 올바르게 조망할 수 있기 때문이다. 비로소 당신은 겨울에 대해, 그리고 여름에 대해 알게 된다. 비로소 당신은 속도에 대해, 그리고 방향에 대해 알게 된다. 비로소 당신은 포기가 아니라, 멈출 줄 알게 된다. 비로소 당신은 목표를 달성했음을 알게 된다.

인생 여정은 마치 죽 이어진 계단의 모습과 같다. 평평한 면 위에 있을 때는 위쪽을 향해 나아가지 않을 것처럼, 가만히 서 있는 것처럼 보인다. 하지만 실상은 전혀 아니다. 언제나 우리는 경사를 오르고 있다. 하나의 평평한 면에서 위쪽을 향해 발을 내딛어 다음 차례의 평평한 면을 가파르게 올라간다.

연금술사들은 말한다.

"포기하는 이유는 경사면을 오르는 게 너무 힘들어서다. 하지만 경사를 오르고 있다는 것은 정상에 가까워졌다는 뜻이기도 하다. 경사면을 오르느라 너무 힘이 든다는 것은, 정상으로 가는 길을 잃지 않았다는 뜻이기도 하다. 모든 정상은 경사면을 갖고 있지 않은가. 이것이 곧 당신의 멘탈이 포기하는 것에 먹이를 주지 않아야 하는 이유다."

지금 숨이 턱턱 막히고 힘겹다는 것은 제대로 하고 있다는 뜻이다. 올바른 길을 가고 있다는 의미다. 어디가 끝인지는 우리가 알 수 있는 영역이 아니다. 어떤 계단 한 켠에 잠시 기대어 포기를 고민하는 것은 나쁜 일이 아니다. 다만 그 생각을 얼른 떨쳐버리고 계속 경사를 오르다 보면 어느 순간 불쑥 끝이 나타나고 전체가 한눈에 들어오면서 머릿속이 밝은 빛으로 가득 채워진다. 따라서 우리가 더 깊이 고민해야 하는 것은 쉬어갈 것인지, 가속도를 붙일 것인지, 한 번에 두 계단씩 오를 것인지다.

'이 길이 아니었어.'

'이 정도면 오를 만큼 올랐지.'

'더 계속 가는 건 건강에 좋지 않아. 무릎을 다치고 말 거야.'

발걸음에 이 같은 변명과 위안, 합리화를 주렁주렁 달고 내려가지 않는 한, 우리는 반드시 정상에 오른다.

연금술사들은 말한다.

"변명이 아니라 '확신'을 찾아라. 정상에 선 사람들은 모두 확신에 찬 얼굴을 하고 있다."

지불 능력을 갖춰라

: 20대에 들어서면서 나는 본격적으로 직업 활동에 나섰다. 어떤 비즈니스를 하든 제대로 해내겠노라 굳은 결심을 했다. 하지만 얼마 지나지 않아 여러 문제에 부딪쳤다. 나는 그것들을 감당할 수 없을 거라 생각했다. 무조건 버티는 것도 무의미하게 여겨졌다. 무엇보다 아직 새파란 청춘이었다. 뭔가를 선택하고 나면, 그것보다 더 소중하고 더 재밌는 일이 있을 것 같은 생각에 사로잡히곤 했다.

그렇다. 현재에 집중하지 못했다. 늘 여기보다 어딘가에 나를 완벽하게 알아줄 세상이 있을 거라는 생각에 바빴다. 시도했던 모든 일에서 실패의 쓴잔을 들이켜는 건 당연했고, 마침내 상상도 못했던 '파산자'가 되고 말았다.

수렁의 밑바닥에서 나를 건져 올린 건 내가 지금도 내 인생의 코치라고 존경을 표하는 한 남자 덕분이었다. 코치는 내게 이렇게 말했다.

"아직 젊으니까 무엇이든 할 수 있고, 언제든 다시 일어설 수 있다고들 생각하지. 맞는 말이라네. 하지만 조심해야 해. 무엇이든 할 수 있다는 것을 무엇이든 포기할 수 있다는 의미로 받아들이면 한 걸음도 전진할 수 없다는 것을. 새로운 것들이 한없이 좋아 보이고, 유행 따라 빨리빨리 변하는 게 멋진 인생인 것처럼 보이지. 하지만 정작 청춘 시절에 해야 할 것이 뭔지 아는가? '아무리 오랜 세월이 지나도 변하지 않는 것'을 찾아내 몸과 마음에 장착하는 것이라네. 그게 참된 변화와 성장의 시작이지. 인생을 마라톤이라 한다면 지금 자네는 스타트 라인에 서 있겠지? 마라톤 완주를 목표로 출발선에 선 사람들에게 가장 필요한 것은 뭘까? 올림픽 우승자의 달리기 전략? 첨단 소재로 만들어진 멋진 운동화? 마라톤에 관한 해박한 지식? 탄탄한 근육과 폐활량? 모두 아니라네."

"그럼 무엇입니까?"

코치가 고요히 나를 바라보며 답했다.

"인내심이라네."

나는 망치로 머리를 한 대 얻어맞은 듯한 느낌이었다. 인내심은 모두가 알고 있는 평범한 단어였다. 하지만 그와 동시에 인내심은 아주 소수의 사람만이 자기 것으로 소유하고 있는 단어이기도 했다.

"이봐, 파산한 젊은 친구. 나는 인내심을 갖고 있는 사람이 성공하지 못하는 경우를 보지 못했다네. 청춘은 인내심 같은 단어를 찾아내 자기 것으로 만드는 데 쓰일 때 가장 빛나는 법이지. 아무리 오랜 세월이 지나도 변하지 않는 가치들을 찾게나. 아직 젊으니까, 그것들을 찾아낼 시간이 충분하니까."

코치가 내게 선물한 깨달음 덕분에 나는 '새파랗게' 젊은 나이에 인생의 큰 교훈을 얻었다.

'성공하고 싶다면 반드시 대가를 지불해야 한다.'

인내심이든 도전 정신이든 용기든 노력이든, 반드시 대가를 지불해야만 목표를 달성하고 성공을 얻을 수 있다. 이 평범하지만 값진 진리를 생생하게 깨닫고 난 후, 나는 백만장자가 될 수 있었다.

열망은 크지만 대가 지불에 인색한 사람의 삶은 빈약하다. 소득 없이 바쁘다. 기대치는 늘 실망으로 전락하고, 불쑥불쑥 자신이 속았다는 낭패감이 밀려든다. 이용당하고, 기만당하고, 평가절하되고 있다는 느낌이 밀려들면서, 자신이 지금 있으면 안 되는 곳에 있다는 생각이 점점 못 견딜 정도로 강렬해진다.

아무것도 지불할 생각이 없는 사람은 버티지 못한다. 어둠 속을 이리저리 헤맬 뿐, 어둠이 가장 깊어지면 아침이 밝아온다는 사실을 알지 못한다. 정상으로 가는 길은 가파른 경사로 이루어져 있다는 사실 또한 깨닫지 못한다. 그저 대가 없이 얻을 수 있는 것을 찾아 이곳저곳 옮겨 다니다가 소리소문없이 사라진다.

어떤 목표를 세울 때는 그것을 얻기 위해 치러야 할 대가가 무엇인지를 명확히 하라. 그리고 그 대가를 지불할 능력과 의지가 자신에게 있는지 냉철하게 검토하라. 부족하다면 채우고, 아예 없다면 처음부터 차근차근 만들어라.

그러면 당신은 버티는 데 성공한다.

스스로
돕는 자가 되어라

: 두손 두발 다 들었던 20대 시절, '인내심'에 대한 울림 깊은 이야기를 들려준 코치에게 나는 즉각 구체적인 도움을 요청했다. 하지만 그는 나를 만나주지 않았다. 그저 짧은 전화 통화가 전부였다. 이런 상태가 거의 2년간 지속되었다. 처음에 나는 코치가 나를 다정하고 조심스럽게 받아들여 점점 더 지혜로운 조언을 줄 것이라 기대가 컸다. 그런데 왜 그는 내게 좀 더 많은 시간을 할애해주지 않았을까?

훗날 그는 웃으며 말했다.

"2년 동안 통화만 했다고? 그건 자네가 포기하지 않는 사람이 되는 데 2년이 걸렸다는 뜻이라네. 반드시 대가를 지불하겠다는 투철한 의지, 그리고 버티는 데 필요한 확고한 원칙과 가치들을 자네 멘탈에 강고하게 박아넣었다는 걸 증명하는 데 자넨 2년이란 시간을 썼던 거지."

나는 지금도 젊은 사람들을 만나면 곧잘 이렇게 말하곤 한다.

"성공하고 싶다면, 먼저 포기하지 않는 멘탈의 소유자임을 입증하라."

당시 나의 코치는 '준비된 자에게만 코칭이 가능하다'는 사실을 잘 알고 있었던 것이다. 이는 오늘날 코칭 교과서 제1장에 나오는 가장 핵심적인 원칙이기도 하다. 아무리 뛰어난 코치라 할지라도 준비되지 않은 자(대가를 지불하지 않는 자)를 성공으로 이끌지는 못한다.

나는 코치와 통화만을 나누면서도 끝까지 포기하지 않고 2년을 버틴 것이었다. 그가 일깨워준 인내심을 멘탈 안에 들여놓는 데 성공한 것이다.

무조건 버티고, 무조건 포기하지 말라는 말을 귀에 못이 박히게 들어도 우리는 버티지 못하고 주저앉는다. 하지만 왜 버텨야 하는지, 왜 인내해야 하는지, 왜 포기하지 않아야 하는지를 명확하게 알면, 즉 버티고 인내하고 포기하지 않는 것의 진가를 깊이 깨닫고 나면 목표까지 가는 가파른 경사를 기꺼이 감수할 수 있게 된다.

우리가 얻어야 할 것은 성공이 아니다. 성공하는 삶의 탄탄한 밑바탕을 이루고 있는 너무나 평범하지만, 너무나 소중한 미덕과 가치들을 얻어야 한다. 그것을 당신의 것으로 만드는 데 시간과 노력을 아낌없이 써라.

인생의 불빛이 되어준 나의 코치는 이렇게 말했다.

"스스로를 돕는 자가 되어야 해. 하늘은 그런 사람을 돕지. 스스로 돕는 자가 되면 무엇이든 절로 얻게 될 것이라네."

30대가 되었을 때 결국 나는 내가 품었던 모든 기대와 꿈을 훨씬 넘어서는 데 성공했다. 지긋지긋했던 파산자의 신세에서 벗어나 '경제적 자유'를 얻는 데 성공했다. 하지만 그 시절 내가 얻은 가장 값진 소득은 이 세상에 세련되고 순탄하고 멋들어진 성공은 존재하지 않는다는 깨달음이었다.

성공의 열매는 단맛이 아니라 쓰디쓴 맛이었다. 성공은 절대 멋지지 않았다. 성공은 혹독함이라는 대가를 치른 피투성이들만이 얻을 수 있는 결과였다.

혹독함이라는 대가를 반드시 지불해야 한다는 사실을 명확하게 알고 있었기에, 나는 그 시간들을 견뎌낼 수 있었다. 대가를 치르겠다는 강력한 의지를 포기하지 않았음에 행복했고 감사했다.

우리는 무엇인가를 얻기 위해선 대가를 치러야 한다는 사실을 알고 있지만, 정작 대가를 치르고 싶어 하지는 않는다.

이 모순을 극복하는 순간, 언제나 부서질 준비가 되어 있던 유리 멘탈이 빛나는 황금 멘탈로 바뀌며 삶의 모든 것이 놀랍게 바뀌는 기적을 목격하게 될 것이다.

나를 이끌어라

: 우리가 버티는 데 실패하는 대표적인 이유가 여기 또 하나 있다. 바로 우리 자신에 대한 '과대평가'다. 예를 들어 명문대를 나온 수재들이 중도 탈락하는 경우는 드물지 않다. 아니, 도처에 널려 있다 해도 과언이 아니다. 전문 식견을 갖춘 스마트한 인재들이 고배를 마시는 이유는 간단하다. 아무것도 하지 않아서다. 그들은 열심히 노력해 뛰어난 인재가 된 만큼 기회가 자신을 찾아와야 한다고 믿는다. 돈과 행운이 자신에게 굴러들어와야 한다고 생각한다. 자신을 알아봐주는 귀인들이 곳곳에서 나타날 것이라고 자신한다.

비단 수재나 인재들뿐 아니다. 인간은 대부분 자신의 가치를 실제보다 높이 평가한다. 이러한 자아도취 성향 또한 현실직시를 방해한다.

　　너무나 당연하게도 세상은 이렇게 굴러가지 않는다. 이런 사람이 만든 사업과 회사는 머지않아 문을 닫고 말 것이다.

　　언젠가 내가 만든 회사의 직원 열일곱 명이 사표를 쓰고 떠난 적이 있다. 회사의 핵심인력들이 그만둔 터라 어쩔 줄 몰라 낙담하고 있던 내게 코치는 이렇게 말했다.

　　"잘됐네. 더 좋은 직원들로 채울 수 있는 기회이니까."

　　나는 씁쓸하게 웃으며 답했다.

　　"더 좋은 직원이요? 그만둔 친구들이 업계 최고의 인재들이에요. 그들보다 더 일 잘하는 사람이 있을지 모르겠군요……."

　　코치가 다정한 미소를 지으며 말했다.

　　"더 좋은 직원, 더 일 잘하는 직원, 최고의 성과를 내는 직원은 어딘가에 따로 존재하는 게 아니야. 자네가 만들어가는 거지. 업계 최고의 인재들이 떠났다고? 그들을 최고의 인재로 만든 게 자네가 아니라면, 그들은 언젠가는 반드시 떠나게 돼 있지. 더 좋은 직원을 찾으라는 게 아니야. 더 좋은 직원으로 만들어낼 수 있는 자네의 리더십을 한 단계 업그레이드할 기회라는 걸세."

　　그리고 그때 코치가 내게 해준 다음의 말을 나는 무덤까지 갖고 갈 요량이다.

"리더는 타인을 이끄는 사람이 아니야. 참된 리더는 자신을 이끄는 사람이지."

자아도취, 자신에 대한 과대평가는 실력을 갖춘 인재들만이 빠지는 함정이 아니다. 소극적인 태도로, 아무것도 하지 않으면서 원하는 것들이 자신을 찾아와주기를 기다리는 유형에는 당신도, 나도 예외일 수 없다. 이런 유형은 조금만 가파른 길이 나타나도 털썩 주저앉아버린다. 더 크게 상처받고, 더 깊이 좌절하고, 다시 도약하는 데 더 많은 시간이 걸린다. 하나만 없어져도 모든 게 사라진 것 같은 절망에 휩싸인다.

중도에서 포기하는 사람은, 버티지 못하는 사람은 타인에게 자신의 모든 걸 맡긴 사람이다. '타인(외부)'이라는 시스템이 무너지면 함께 무너지고 마는 사람이다.

괴롭고 힘들고 절망적인 상황에서 필요한 것은 타인의 응원과 격려가 아니다. 모든 부정적 상황에서 나를 건져올릴 수 있는 유일한 사람은 '나 자신'이다.

나 자신을 이끄는 리더가 되지 못하면 타인, 행운, 기회, 성공은 언제든 당신을 떠날 만반의 채비를 갖추고 있다는 사실을 평생 잊지 마라.

가벼운 아령으로는
근육을 키울 수 없다

: 내가 파산자 신세에서 벗어나 백만장자가 된 기적은 '버텼기' 때문이다. 모든 것이 무너졌을 때 그것들과 함께 무너지지 않았기 때문이다. 지금도 아침에 일어나면 무의식적으로 떠올리는 문장이 있다.

'가벼운 아령으로는 근육을 키울 수 없다.'

당신은 이 말에 동의하는가? 아마도 당신은 "그렇다, 이 말은 옳다"라고 고개를 끄덕일 것이다. 그렇다면 다음의 말은 어떤가?

'가벼운 아령으로는 근육을 키울 수 없다면, 어려운 시련과 문제를 만났을 때 이를 기꺼이 받아들이고 기뻐해야 하지 않겠는가? 어려운 시련과 문제야말로 근육을 키울 수 있는 최고의 아령 아닌가?'

당신의 생각은 어떤가? 쉽게 동의할 수 있겠는가?

감당하기 어려운 시련과 고통이 아니면 우리는 성장할 수 없다. 열심히 운동을 해도 체중 조절에 실패하는 이유는, '감당할 만큼'의 운동만을 하기 때문이다. 적당한 한계 내에서만 지방을 태우기 때문이다.

근육을 키우려면 감당하기 어려운 무게를 들어야 한다. 부자가 되려면 적당한 돈이 아니라 엄청난 돈을 벌어야 한다. 따라서 감당하기 어려운 것들을 만났을 때는 기뻐해야 한다. 획기적으로 성장할 절호의 기회가 찾아온 것이기 때문이다.

연금술사들은 말한다.

"우리가 감당할 수 없다고 생각하는 '문제'는 대부분 단지 '어려운 과제'에 불과하다. 모든 과제는 반드시 해결책을 갖고 있다. 그러니 피하거나 도망치지 마라. 정면으로 맞서 해치우면 된다."

과제를 해결할 때마다 우리는 그만큼 강해진다. 그만큼 성장한다. 뿌리를 단단히 박고 하늘을 찌를 듯이 서 있는 나무들을 보라. 그들은 모두 폭풍우를 견딘 모습이다. 안락한 은신처의 창 밖으로 바라보는 빗줄기는 우리의 성장에 아무런 기여를 하지 않는다. 들판으로 나가 직접 비를 맞아봐야, 비에 젖는다는 것이 어떤 경험인지 정확하게 알 수 있다.

젊은 시절, 나의 코치는 이렇게 말한 적 있다.

"무엇이 어려운지를 정확하게 알고 있으면, 어려움은 두려움의 막연한 대상이 아니라 극복 가능한 구체적 대상이 된다."

직원들 모두가 사표를 냈을 때 왜 나의 코치가 잘된 일이라고 했는지, 이제 당신도 이해할 수 있을 것이다. 저마다 자신만의 어려움을 적극적으로 만날 수 있어야 한다. 어려움은 회피의 대상이 아니라 경험의 대상이다.

당신이 경험한 어려움은 당신의 멘탈 안에 깊이 새겨진다. 깊이 새겨져, 더 큰 어려움을 해결할 수 있는 밑거름이 되어준다. 10킬로그램짜리 아령을 든 경험이 15킬로그램짜리 아령을 들어올리는 추진체 역할을 하는 것과 같다.

연금술사들이 즐겨 쓰는 표현 중에 '우주'가 있다.

"우주는 늘 개인의 성장에 필요한 과제를 정확히 보내준다."

어려운 과제를 해결할수록 우리가 잠재력을 펼칠 수 있는 공간은 그만큼 더 늘어난다. 우리가 애써 피하고 도망치고 버려야 할 것은 '가벼운 아령'이다.

행동이 생각을
만들어야 한다

: 당신이 이 책을 여기까지 포기
하지 않고 읽어왔다면, 이젠 알게 됐을 것이다. 인생에 '포기'
라는 선택지는 없다는 것을. 이 사실을 깨닫게 되면 당신의 호
흡이 안정을 찾을 것이다. 적어도 실존적 회의감은 들지 않을
것이다. 오직 당신만이 당신 자신을 이끌 수 있다는 사실을 명
확하게 인지하게 될 것이다. 크고 작은 문제들이 당신을 끊임
없이 찾아오겠지만 당신은 더 이상 가벼운 아령을 선택하지
않을 것이다. 타인과 함께 무너지지 않을 것이고, 언제든 은신
처를 떠날 용기와 준비를 갖추게 될 것이다.

내 말이 맞는가? 맞다면 이제 당신은 목표에 도달할 때까지

흔들림 없는 자신을 고수할 것이다. 이렇게 하나의 목표를 달성하고 난 당신은, 이 목표 달성 사이클을 계속 반복하면 새로운 목표들을 차례대로 달성할 수 있다는 사실을 알게 된다. 이것이 곧 한 번 성공한 사람이 계속 성공하는 이유이기도 하다.

연금술사들은 말한다.

"포기라는 선택지가 존재하지 않는 사람에게는 모든 것이 무척 쉬워진다. 마라톤 풀코스를 생각해보라. 출발 후 첫 5~10킬로미터 구간에서 가장 많은 낙오자가 발생한다. 하지만 30킬로미터쯤 되는 구간에서 낙오하는 사람은 매우 드물다. 포기라는 선택지를 인생에서 지웠다는 것은, 인생이라는 마라톤에서 30킬로미터 구간을 달리고 있다는 뜻이다."

이는 무슨 말일까?

포기의 유혹을 이겨낸 것만으로도 우리는 골인 지점 가까이에 있다는 뜻이다. 정상의 턱밑까지 와 있다는 의미다. 30킬로미터쯤 지나면 치명적인 부상이 아닌 이상 우리의 멘탈은 포기의 유혹 따위에는 털끝만큼도 반응하지 않는다. 기어서라도 결승선을 통과하겠다는 강렬한 정신력이 불꽃처럼 튀어오른다. 마지막 한 호흡을 짜내며 기어이 목표에 오른다. 이를 두고 연금술사들은 '도약'이라고 부른다.

마라톤 첫 구간에서 포기한 사람들이 다시 풀코스에 도전할 확률은 매우 낮다. 처음부터 너무 높은 목표를 설정했다고 평계를 대며 진전된 행동을 하지 않을 것이다. 단지 생각에 생각을 거듭하고, 고민 위에 고민을 쌓고, 인상을 잔뜩 찌푸리고, '그래, 나랑 마라톤은 맞지 않아. 수영이 나을 것 같아' 하며 머릿속으로 멋진 수영복을 입고 푸른 물살을 가르는 상상에 젖는다.

이 같은 사이클 또한 반복된다. 수영에서 스키로, 스키에서 행글라이딩으로 도전 종목은 계속 바뀌지만 하나의 포기 사이클이 동일하게 반복된다.

그렇다. 우리가 강력한 멘탈을 갖고 피나게 노력하여 얻어야 할 것은 성공이 아니다. 성공을 가능하게 만드는 '좋은 사이클'이다. 이 좋은 사이클을 만드는 데 필수적으로 요구되는 것이 '포기를 모르는 멘탈'이다.

우리는 성공하거나 실패하지 않는다. 멘탈이 강력해지거나 붕괴될 뿐이다. 성공과 실패는 멘탈이 만들어내는 '현상'일 뿐이다. 포기를 머릿속에서 완전하게 지워내는 순간 삶은 도약한다. 목표의 턱밑까지 단숨에 도달한다. 고지가 바로 저기인데, 여기서 포기할 사람은 아무도 없다.

언제나 턱밑까지만 가면 된다. 그러면 상상도 못 했던 힘이 우리 안에서 솟아오른다.

연금술사들은 말한다.

"생각이 행동을 만들면 안 된다. 언제나 행동이 생각을 만들어야 한다."

　오랜 생각 끝에 나온 행동은 장고長考 끝의 '악수惡手'일 가능성이 높다. 특히 좌절감이나 무력감이 찾아올 때는 즉시 행동하라. 뭔가 일을 벌이고 실행하는 동안 멘탈은 점점 강해진다.

　'내가 정말 완주할 수 있을까?' 고민 끝에 마라톤에 참가한 사람들은 대부분 첫 구간에서 탈락한다. 조금만 힘들어도 '거봐, 아직 내가 완주할 능력이 안 돼'라고 핑계를 대며 곧장 그만둘 것이다. '부딪쳐보자!'라는 결단으로 참가한 사람이 완주는 못하더라도 첫 구간 이상 뛸 확률이 높다. 인상적인 경험을 얻을 가능성이 크다.

　아무것도 하지 않으면 아무 일도 일어나지 않는다.

　즉각 행동에 나서면, 무슨 일이 일어날지 아무도 모른다.

말하는 대로 이루어진다

: 윈스턴 처칠의 너무 오래되어 진부해보이는 명언, "절대, 절대, 절대 포기하지 마라!"를 효과적으로 사용할 수 있는 방법이 있다.

어떤 일을 시작할 때 크게 소리 내어 외쳐보는 것이다. 또박또박 힘주어 직접 이 명언을 손으로 써서 가장 잘 보이는 곳에 배치하는 것이다.

머릿속으로 생각하는 것보다 머리 밖으로 꺼낼 때 결심과 의지, 열정은 더 강력해진다. 내가 만난 연금술사들은 대부분 이 방법을 일상에 효과적으로 적용시키고 있었다.

크게 외치거나 훌륭한 필체가 아니어도 상관없다. 낮고 단

호한 목소리면 충분하고, 글자를 알아볼 수 있을 수준이면 된다. 원하는 것을 시각화하고 음성화하는 작업은 큰 노력 없이도 소득은 큰, 가성비 만점의 전략이다.

팀 플레이 경기에서 선수들이 스크럼을 짜고 구호를 외친 후 시합에 들어가는 이유도 이와 같은 맥락에서다. 목표를 음성화하면 멘탈이 강해지고, 목표를 명확하게 인식하게 한다.

어떤 일을 시작할 때 심호흡을 하며, 박수를 치며, '절대 포기하지 않아!'라고 입 밖으로 말해보라. 무엇을 하든 집중력이 배가 되고 더욱 침착해지는 것을 생생하게 느낄 수 있을 것이다.

절망과 좌절이 찾아왔을 때도 마찬가지다. 고개를 저으며 의식적으로 '괜찮아! 다시 시작하면 돼!'라고 소리 내어 외치면 상황이나 분위기의 빠른 반전을 불러올 수 있다.

전 세계를 다니며 수많은 사람들을 만나고, 수많은 이야기를 들어본 결과, 나는 감히 단언할 수 있다.

인생은, 말하는 대로 이루어진다.

이야기를 기록하라

﹕몇 년 동안 공들여 해오던 프로젝트가 물거품이 되었을 때 나는 글자 그대로 낙담에 빠졌다. 내 안에 더 이상 아무 힘도 남아 있지 않았다. 어려울 때마다 지혜로운 조언을 해주었던 코치도 세미나 때문에 먼 외국에 나가 있었다. 아무도 없었다. 외롭고 우울했다. 그렇게 실의에 찬 날들을 보내다가 코치로부터 편지를 받았다. 편지는 다음과 같은 문장으로 시작되었다.

"밤이 가장 어두워지면, 곧 새로운 날이 밝는 법이지……"

편지를 다 읽고 난 후 나는 마음에 평화와 위안이 밝은 빛처럼 밀려들고 있음을 느꼈다. 길고 고요하고 진지한 편지였다. 편지에는 나의 코치의 이야기가 담겨 있었다. 그는 자신이 살면서 겪은 가장 비참한 상황과 감정에 대해 차근차근 들려주었다. 모든 것이 무너지고 난 후 매 순간 자살에의 충동을 견디며 처음부터 다시 시작해야만 했던 날들이 적혀 있었다. 끝도 없이 날아들던 채무 상환 독촉장들을 손에 든 채 그저 멍하니 하늘을 올려다보던 날들도 적혀 있었다. 뿔뿔이 가족들이 흩어지고 모든 걸 포기해버리려 마음먹었을 때의 참담한 심정들도 빼곡하게 적혀 있었다.

그는 왜 이런 이야기를 편지에 담아 내게 보내온 걸까? 정말 이렇게 가혹한 시간을 견딘 사람이 내가 알던 코치란 말인가? 하지만 나는 곧 깨달았다. 그의 이야기에서 내가 많은 위안을 얻었다는 것을.

훗날 외국에서 돌아온 코치가 이렇게 말했다.

"내게도 정말 어두운 밤이 있었지. 그때 내게 빛을 선물한 것 또한 다른 사람의 이야기였네. 꾸며낸 이야기가 아니라 실제 이야기에는 우리의 마음을 움직이는 신비한 힘이 있지. 새로운 날을 맞으려면 어두운 밤을 지나야 해. 어두운 밤을 지나지 않고 새 날을 얻은 사람은 없어. 어떻게 어두운 밤을 지나왔는지 서로에게 털어놓으면 서로에게 큰 힘이 되는 법이지."

그날 이후 나는 일기를 쓰기 시작했다. 특히 힘겨운 일이 있었을 때는 꼬박꼬박 일기로 남겼다. 그 기록들은 힘겨울 때마다 그것을 견디는 치유제 역할을 해주었다.

내가 만난 연금술사들은 이렇게 말했다.

"인생에서 정말 신기한 일이 하나 있다. '최악'은 언제나 과거에 존재한다는 것이다. 지금 너무나 힘들어서 모든 걸 포기하고 싶은가? 그렇다면 이렇게 자신에게 물어보라. '지금 이게 내 인생의 최악인가?' 분명 아니라고 고개를 저을 것이다. 기억은 잘 나지 않지만 최악은 예전에 경험한 것 같은 느낌일 것이다. 이유야 어쨌든, 지금 당신이 힘겨운 게 최악은 아니다. 그러니 살라, 더 힘든 날도 당신은 지나왔으니."

힘겨운 날들에 일어난 일들을 기록하라.

살아갈 용기와 힘을 선물 받을 것이다.

자존감의 DNA를
일깨워라

：자신의 이야기를 들려준 코치
는 이렇게 말했다.

"내가 만일 그때 포기했더라면 지금 우리 두 사람은 여기에
앉아 있지 못할 것일세. 설령 우리 둘이 어떻게든 만나 지금처
럼 마주 보고 앉았다 할지라도 내겐 자네를 도울 아무런 힘이
없었을 것이네."

우리가 포기하지 않고 버티게 해주는 힘이 있다.

바로 '자존감'이다. 어떤 일이나 프로젝트에 실패했을 때 우
리는 자신을 지나치게 몰아붙이는 경향이 강하다. 실패한 프
로젝트 때문이 아니라 너무 과한 자책 때문에 재기 불능에 빠

진다.

나는 묻고 싶다.

'다시는 일어서지 못할 만큼의 실패가 우리 삶에서 일어나는가?'

단연코 아니다. 주식 투자로 전 재산을 날린 사람이 스스로 목숨을 끊었다는 우울한 기사를 종종 접한다. 하지만 나는 그가 왜 극단적인 선택을 감행했는지, 그 이유를 알 것 같다. 그는 전 재산을 날려서 목숨을 저버린 게 아닐 것이다. 처음부터 전 재산을 날릴 수도 있다는 사실을 알면서도 투자를 감행한 그는 하루하루 엄청난 두려움과 불안에 시달렸을 것이다. 그러다가 결국 파산이 현실이 되고, 그는 파산 때문이 아니라 마침내 폭발한 두려움과 불안에 짓눌려, 목숨을 '버린 것'이 아니라 목숨을 '잃은 것'일 것이다.

지금껏 내가 접한 수많은 사람의 경험담을 종합해보면, 정녕 엄청나게 무모한 짓을 벌인 게 아닌 한 인간은 대부분 다시 일어선다. 우리는 우리가 생각하는 것보다 훨씬 회복력이 뛰어난 생물이다.

아무리 뛰어난 타자도 10번 중 7번은 삼진이나 범타에 그친다. 그럴 때마다 심한 자괴감에 빠진다면, 그는 뛰어난 3할 타자가 될 수 없다. 뛰어난 농구선수도 자유투 10개 중 2개는 놓친다. 그러니 자괴감에 빠질 이유가 없다. 인생의 마지막 날에 돌아보면 우리는 대부분 3할 타자요, 80퍼센트의 성공률은 보유한 탁월한 슈터였음을 깨닫게 될 것이다.

승리와 패배는 삶에서 흔히 일어나는 일이다. 누누이 강조하지만 우리가 꼭 성공해야 하는 것은 '버티기'다. 포기하지 않고 버티는 한, 그래서 퇴장하지 않고 계속 인생이라는 경기장에 남아 있는 한 우리는 3할을 치고 성공 확률 80퍼센트에 달하는 슛을 던진다.

연금술사들은 말한다.

"지구의 역사를 따져볼 때 인간이라는 존재 자체가 기적이다. 우리의 내면엔 생존과 번영의 DNA가 다른 어떤 종보다 강력하게 각인되어 있다. 매일 자긍심과 자부심을 앞세워 살아도 짧은 것이 인생이다."

명심하라, 당신은 기적이다.

고통에도
기승전결이 있다

∴ 우리는 언제 가장 고통스러운가?

'고통스러울 것이다!'라고 지레 겁을 먹고 두려움에 얼굴이 질렸을 때다. 정작 고통이 시작되면, 그것을 도저히 이기지 못할 만큼은 아니라는 사실을 깨닫게 된다. 고통은 겪기 전이 가장 강력하고, 그후 점점 약해진다.

체육관에서 러닝머신을 뛰어본 경험이 있는가?

목표는 10킬로미터 완주. 완주 목표 시간은 30분. 타이머를 세팅하고 드디어 출발!

러닝머신 위를 달려본 사람은 안다. 10킬로미터 내내 동일한 값의 고통이 존재하는 것은 아니라는 사실을. 처음 3킬로미터쯤까지는 극심한 고통이 밀려온다. 10킬로미터를 완주해 낼 수 있는 몸을 만들기 위한 세팅을 내면에서 치열하게 준비하기 때문이다. 또한 '힘들지? 스톱 버튼을 눌러. 내일부터 뛰면 되잖아!'라는 격렬한 유혹 때문에 고통은 절정으로 치닫는다. 그러다가 3킬로미터쯤 지나면 죽을 것 같던 호흡이 점점 안정을 찾는다. 허벅지를 찌르던 통증들에 점점 무감해진다. 머릿속을 가득 채웠던 고통이 물러나고 목표까지 어떻게 도달할 것인지, 비로소 생각다운 생각이 그 자리를 채운다. 그렇다, 고통은 바로 이 지점까지다.

연금술사들은 말한다.

"우리에게 정말 다행인 소식이 있다. 고통은 시간의 흐름에 따라 그 가중치가 매 순간 달라진다는 것이다. 고통의 최초 가중치와 고통의 마지막 가중치는 완전히 다르다. 고통의 한복판을 지나 마지막으로 갈수록 가중치는 작아진다."

10킬로미터를 뛸 때 고통의 가중치가 처음부터 끝까지 동일하다면, 이를 완주해낼 사람은 거의 없다. 인간이 그 존재 자체로 기적인 이유 중 하나는 그 어떤 상황에도 '적응'한다는 것이다. 아무리 힘겨운 고통도 하룻밤 자고 나면 그 무게가 조금은 가벼워진다. 고통에 계속 휩싸여 있기보다는 고통에서 어떻게 벗어날 것인지의 '해결책 모색'으로 우리의 몸과 마음이 옮겨간다. 그래야만 생존과 번영이 가능하기 때문이다.

언젠가 크게 성공한 CEO를 강연회에서 만난 적이 있다. 그는 내가 '멘탈의 연금술'이라는 책을 쓰고 있다고 하자 다음과 같은 말을 들려주었다.

"세상에 부정적인 일들은 없는 것 같습니다. 다만 부정적인 감정만이 있을 뿐이죠. 슬프고 괴롭고 고통스러운 감정은 찾아왔다가 반드시 떠나게 마련입니다. 그 감정들이 찾아오는 것을 막을 도리는 없습니다. 하지만 그것들이 언젠가는 반드시 떠난다는 사실을 깨닫고 나면, 부정적 감정들이 찾아오는 게 더 이상 두렵지 않게 됩니다."

고통에도 이야기처럼 기승전결이 있다. 수많은 이야기가 존재하듯, 수많은 고통 또한 존재한다. 이야기를 들을 때 우리는 희로애락의 감정을 느끼지만, 이야기 때문에 인생을 망치지는 않는다. 고통 또한 마찬가지다. 고통은 많은 감정을 느끼게 하지만, 고통 때문에 인생을 망친다는 건 어불성설이다.

지금 고통스러운가?

그렇다면 당신이 지금 고통의 어느 지점을 통과하고 있는지 살펴보라. 고통에서 벗어나는 길이 보일 것이다.

내가 누구인지
말할 수 있는 자는 누구인가

: 버티는 데 실패한, 중도 탈락한 사람들에겐 공통점이 하나 있다. 그들에게는 절대 잊지 못할 '배신背信'에 관한 경험이 있다는 것이다.

배신의 기억을 갖고 살아가는 건 매우 위험하다. 타인을 더이상 신뢰하지 않는 사람의 삶의 기준점은 확고하지 않기 때문이다.

세상을, 사람을 의혹에 찬 눈으로 보는 사람은 자기 자신에게도 의혹의 눈길을 보낸다. 나를 속인 사람에 대한 원망도 크지만, 그런 사람에게 속임을 당한 자기 자신에 대한 실망감은 이루 말할 수 없이 큰 법이다.

타인을 믿지 못하고, 자신에 대한 실망감이 큰 상태에서는 합리적이고 정확한 판단을 기대할 수 없다. 누군가에게 끊임없이 책임을 전가하고, 점점 자신을 희미하고 나약하고 하찮은 존재로 전락시킨다.

배신이 두려워 타인과 함께 가지 못하는 사람은 먼 길을 갈 수 없다. 배신을 당하지 않으려면, 타인에게 전적으로 의지해서는 안 된다. 타인과 함께 가되 그를 내가 컨트롤할 수 있는 범위 내에 두어야 한다. 타인과 함께 가되 그에 대한 기대치를 낮추고 겸손해져야 한다. 타인과 함께 가되 할 말은 할 줄 알고, 들을 말은 경청할 줄 알아야 한다.

자신에 대한 실망감이 찾아올 때를 대비해 평소에 다음과 같이 맞서라.

"난 할 수 있어. 이 일은 내 능력을 분명하게 꺼내줘."

"그때 내가 버텨내서 정말 다행이야. 덕분에 나는 지금의 내가 되지 않았는가!"

"나는 내가 하는 일이 마음에 들어. 정말 재미있다고!"

"그때도 치러야 했던 대가는 상당히 컸지. 하지만 그로 인해 얻은 보상은 더 컸잖아? 전체적으로 볼 때 그건 정말 가치 있는 일이었어. 지금 이 일도 그렇게 될 거야!"

연금술사들은 말한다.

"나보다 더 나를 잘 볼 수 있는 위치에 있는 사람을 구하라.

그런 사람을 가진 사람은 더 멀리 갈 수 있다."

세상에서 가장 거만한 사람이 누구인지 아는가? 바로 당신이다. 그리고 나다. 당신과 나, 우리는 자신의 상황을 가장 정확하게 바라볼 수 있다고 생각한다. 하지만 이는 착각이다. 수많은 감정 기복에 둘러싸인 우리는, 우리 자신을 그다지 잘 알지 못한다. 믿고 싶은 것만 믿으려 하고, 보고 싶은 것만 보려하고, 듣고 싶은 것만 들으려 하는 '확증 편향에 빠진 오류투성이 인간', 이것이 곧 우리 자신에 대한 가장 명쾌한 정의다. 그리하여 우리는 정말 아무것도 아닌 일에 멘탈이 붕괴되기도 하고, 거짓말처럼 툴툴 털고 다시 일어서기도 한다.

모든 사람을 신뢰할 수도 없고, 모든 사람이 귀인이 될 수도 없다. 믿었던 사람에게 상처를 입었다면 배신감에 치를 떨 것이 아니라, 그 믿음을 빨리 회수해 더 적절한 사람에게 줄 방법을 찾는 것이 현명하다.

내가 누구인지 정확히 말해줄 수 있는 사람을 구하라.
멀리 가고 싶다면 그 사람과 함께 가라.

타인에게 배신당하고, 자신에게 실망하는 따위의 아주 하찮고 사소한 일에 목숨 걸지 마라.

예측 가능한 삶을 살고 있는가

:미어캣들은 땅속 깊은 곳에 서식한다. 땅 밑이 따스하고 포근하기 때문이다. 그러던 중 미어캣들 사이에서 소문이 퍼져나갔다. 땅 위 세상이 위험하기는 하지만 매우 아름답다는 소문이었다. 소문의 진위를 밝히고 싶었던 미어캣들은 땅 위로 정탐꾼을 파견했다.

정탐꾼이 땅 위에 도착해 머리를 내밀었을 때, 그는 지금껏 한 번도 경험 못 한 공포와 맞닥뜨렸다.

때는 겨울날 아침이었다. 눈보라가 휘몰아쳐 미어캣의 자그마한 얼굴에 눈과 얼음 송이가 쏟아진 것이다. 상상했던 세상의 모습과는 완전히 딴판이었다. 정탐꾼은 재빨리 땅속으로 기어 내려가 동료들에게 떨리는 목소리로 땅 위 세상의 엄청난 무서움에 대해 말해주었다.

하지만 여전히 땅 위 세상의 아름다움에 관한 소문은 잦아들지 않았다. 미어캣들은 7월 어느 날 아침, 다시 한 번 정탐꾼을 올려보냈다. 과연 7월의 세상은 눈보라가 몰아치던 한겨울의 세상과는 완전히 달랐다.

뜨거운 햇살이 눈부시게 작렬하고, 새들이 지저귀고, 나비들이 훨훨 날아다녔다. 미어캣 정탐꾼은 싱그러운 풀냄새를 맡고, 자그마한 배를 드러낸 채 일광욕을 즐겼다. 그리고 다시 땅속으로 내려가 자신이 경험한 바를 열정적으로 들려주었다.

소문은 점점 강력해지고, 미어캣들은 어느 말을 믿어야 할지 당최 알 수 없었다. 땅 위는 얼음과 눈으로 뒤덮인 세상인가? 찬란한 빛이 녹색 숲 안에 가득 들어찬 곳인가?

그러던 어느 가을날, 그리고 봄빛 완연한 날에 새로운 정탐꾼들이 계속 땅 위 세상으로 파견되었고, 계속해서 정탐꾼들의 보고는 저마다 달랐다. 점점 미궁에 빠져든 미어캣들은 마침내 결정했다. 세상 구경을 포기하고 땅속에 머물러 있겠노라 선언하고는 박수를 치며 안심했다. 따스하고 포근한 땅속을 떠나지 않아도 됐기 때문이었다.

이 이야기는 어떤 깨달음을 주는가?

자연계와 마찬가지로 인생에도 사계절이 존재한다. 모든 것이 순조로운 여름이 있고, 되는 것 하나 없는 차가운 겨울도 있다. 적게 일했는데 성과는 많은 날도 있고, 열정의 땀을 흘리며 매진했지만 소득이 별로 없는 날도 있다.

우리 모두는 이 사실을 잘 알고 있다. 영원한 것은 없다. 성공하는 사람과 평범한 사람의 차이는 '영원한 것은 없다'는 진리를 받아들이는 방식의 차이일 뿐이다. 승리하는 사람, 성장하는 사람, 목표를 얻는 사람은 밝은 날에 도취하지 않고 어두운 날에 낙담하지 않는다. 포기가 빠르고 이곳저곳 기웃거리며 전전하는 사람은 밝고 맑은 날만 이어지기를 학수고대한 나머지 어두운 날이 오면 실의와 좌절에 빠진다.

성공하는 사람들은 춥고 어두운 겨울을 실패라고 부르지 않는다. 그들에게 겨울은 '시스템'의 일부일 뿐이다. 현명한 사람들도 마찬가지다. 그들은 겨울이 두려워 땅속으로 내려가지 않는다. 겨울이 지나면 봄이 올 것이라는 사실을 알고 있기 때문이다. 여름에는 착실하게 겨울을 대비하고, 겨울에는 봄이 올 것이라는 희망으로 버틸 줄 안다.

멘탈이 강한 사람들의 특징은 '선善순환'한다는 것이다. 흐름을 잘 살펴 이를 자기 삶에 효과적으로 적용시킬 줄 안다. 쉽게 말해 멘탈이 강한 연금술사들, 성공하는 사람들은 '예측 가능한 삶'을 산다. 흐름을 통찰하면 삶이 예측 가능해진다.

여름이 가면 겨울이 오고, 겨울이 지나면 봄이 오는 흐름을 알지 못하는 사람들은 예측 불가능한 삶을 살 수밖에 없다. 봄 날이 마냥 지속될 것처럼 살고, 춥고 어두운 겨울밤이 끝나지 않을 것처럼 웅크려 사는 사람은 버티지 못한다. 포기가 빨라진다.

예측 가능한 삶을 살면, 쉽게 무너지지 않는다.

넓이보다 깊이다

﹕포기는 강력한 유혹이다. 포기하는 순간 모든 것이 일순간 고요해진다. 노력도 할 필요가 순식간에 없어진다. 어깨를 짓누르던 무거운 짐이 사라진다.

흡연자를 예로 들어보자.

두렵고 초조하고 압박을 받는 상황에서 담배를 피워물면 순간적으로 마음이 편안해지고 머릿속 감각이 나른해진다. 그 짧은 순간을 잊지 못해 흡연자들은 무시무시한 대가를 감수하며 담배를 피운다.

포기도 흡연처럼 끊기 어려운 중독적 습관이다. 한 번 포기를 맛보면 계속해서 포기하고픈 마음에 시달린다.

포기하는 순간 모든 압박에서 풀려나기에 이는 이성적인 행동으로 보일 수도 있다. 하지만 착각이다. 모든 압박에서 풀려나는 것이 아니라 모든 압박에 순간적인 마비 현상을 보일 뿐이다. 현실을 잠시 잊게 하는 순간적인 감각 마비 현상은 짜릿한 쾌감을 제공하지만 곧 더 큰 감각 마비를 요구하는 악순환을 초래한다. 흡연자들이 담배를 피울 공간이 없어져 점점 외곽으로 밀려나듯이, 포기 중독자들 또한 점점 인생의 변두리로 밀려난다.

연금술사들은 말한다.

"맞닥뜨린 과제를 해결하지 않고 달아나면, 그것은 계속 당신을 쫓아다닐 것이다. 어떤 새로운 과제에 착수하든, 해결하지 못했던 과제가 계속 따라다니며 새로운 시작을 방해할 것이다. 어떤 일을 할 때는 '끝맺음'이 가장 중요하다. 결과가 좋지 않다고 해도, 어떤 식으로든 결론을 짓고 끝맺음을 해놓을 때 비로소 그 일에서 우리는 벗어나 새로운 것에 도전할 수 있게 된다."

포기하는 주된 이유는 결과가 불투명할 때다. 아니, 정확히 말해 결과가 불투명하다고 지레짐작할 때다. 하지만 결과가 어떻게 될지는 오직 신만이 아는 영역이다. 인생의 악영향을 끼치는 일을 시작한 것이 아닌 이상, 우리는 어떤 일에서든 배움을 얻는다. 포기하지 않는다는 것은 '단념'하지 않는다는 말과 같은 의미다. 단념이란 '생각을 끊는다(멈춘다)'는 뜻이다.

프랑스어를 마스터하겠다는 목표를 세웠다고 해보자. 당신이 프랑스어를 공부하겠다는 생각을 멈추지 않는 한, 당신은 언젠가는 프랑스어를 정복한다. 이를 뒤집어 말해보자. 프랑스어를 마스터하려면, 프랑스어를 마스터하겠다는 생각을 중단해서는 안 된다. 프랑스어를 정복할 생각이 없는 사람이 어떻게 프랑스어에 능통해지겠는가!

포기하지 않고 달리는 사람에게 마라톤 완주는 이미 달성한 목표다. 달리기를 포기하지 않으면 언젠가 결승선을 통과할 것이기 때문이다. 나는 수십 년 동안 더 많은 사람에게 이 메시지를 전파하기 위해 전 세계를 다녔다.

전 세계를 돌며 내가 만난 연금술사들은 이렇게 말했다.

"포기하지 않는 것만으로도 우리는 의미 있는 목표를 달성한 것이다. 포기하지 않으면, 우리는 더 깊고 위대한 목표를 향해 전진할 수 있다."

우리가 포기한 것들은 그림자처럼 우리를 따라다닌다. 단지 압박을 모면하기 위해, 기분 전환을 위해, 감각 마비가 가져오는 찰나의 쾌감을 위해 포기를 담배처럼 입에 달고 다니지 마라.

성공한 기업가들의 모임에서 얻은 포기 중독을 끊는 한 가지 팁을 알려주면 다음과 같다.

"한 가지 일을 깊이 파고들어라. 그래야만 흥미진진한 것들을 얻을 수 있다. 얕은 바다에 사는 흔한 물고기들이 아니라 깊은 바다에 사는 아무도 모르는 심해어를 만날 때, 당신은 비로소 새로운 삶에 눈을 뜬다. 심해어를 만난 사람만이 더 깊은 성공의 비밀과 신비를 얻는다."

이곳저곳 재빨리 옮겨 다니는 유목민이 되지 마라.
한 곳에 깊숙이 뿌리 박는 정착민이 되어라.

고통에는 질량이 없다

∴ 궁극적으로 인간을 움직이는 두 가지 핵심 동력은 고통의 회피와 기쁨의 경험이다. 고통의 회피는 달아남을 통해 달성되지 않는다. 앞에서 살펴본 것처럼 해결하지 않고 피해버린 문제들은 그림자처럼 우리를 따라다닌다. 고통의 회피는 오직 고통을 무력화시키는 것만으로 달성된다. 고통을 고통스럽게 받아들이지 않는 것이다.

앞에서도 말했듯이 고통은 그것을 경험하기 전에 가장 고통스러운 법이다. 막상 고통의 구간에 진입하면 우리는 곧 깨닫게 된다. 고통스럽지만 견디지 못할 정도는 아니라는 것을. 그리고 그 고통은 점점 그것을 겪을수록 얇아지고 희미해진다.

적을 이기는 가장 지혜로운 방법은 적을 만들지 않는 것이다. 하나의 적을 없애면 또 다른 적이 나타나고, 그 적을 해치우면 또 다른 적이 나타난다. 처음부터 적을 만들지 않으면 이 악순환을 끊을 수 있다. 고통을 고통으로 받아들이지 않으면, 고통은 더 이상 우리 삶에 나타나지 않는다. 그리고 마침내 우리는 진정한 기쁨을 경험한다.

피하지 않고 정면으로 맞서는 사람을 천천히 살펴보라. 그들의 얼굴은 자신감에 넘쳐 있다. 그 자신감은 어디에서 왔는가? 고통이 더 이상 고통스럽지 않게 된 곳에서부터다.

연금술사들은 말한다.

"고통은 단지 통증일 뿐이다. 실체가 없다는 뜻이다."

고통은 우리의 감정이 반응해서 나타난 현상이다. 가족의 죽음 등과 같은 그 자체로 고통인 상황이 아닌 이상, 고통은 실존이 아니라 환각일 경우가 대부분이다.

고속도로를 운전하며 다른 차량 때문에 화가 치밀어올랐던 경험들을 떠올려보라. 그때 폭발했던 화가 고스란히 분노로 남아 있는가? 아닐 것이다. 유치하고 부끄러운 느낌으로 변해 있을 것이다.

고통에는 질량이 없다. 고통에는 그것을 고통으로 느끼는 감정의 강도만이 존재할 뿐이다. 연금술사들이 명상과 요가를 꾸준히 수양하며 마음의 평화를 구하는 행동을 하는 이유가 여기에 있다. 감정을 다스리면 두려움이 사라진다.

고통은 고스란히 유지, 보존, 승계되지 않는다.
그래서 우리는 계속 살아간다.

지금 자신의 일을 하라

: 좀 더 강해지고 문제를 해결하는 것만이 성공을 얻는 최선책이다. 인내심을 길러 고통을 버텨내는 지혜를 깨달으면 삶의 흐름을 통찰할 수 있게 된다.

진리는 늘 이처럼 단순한데, 왜 그토록 많은 사람들은 이를 외면하고 도망치려고 할까? 이에 대한 답은 인류의 진화 역사에서 찾을 수 있다.

초기 인류에게는 사자를 만나면 도망치는 것이 중요했다. 빨리 도망치지 않으면 사자에게 잡아먹혔다. 고통 피하기, 즉 도망치기는 인간에게 가장 중요한 생존전략이었다.

도망치기가 얼마나 긴요한 생존전략이었는지 살펴보면, 초기 인류는 수풀 속에서 무언가가 움직이기만 해도 줄행랑을 쳤다. 움직이는 대상은 사자일 수도, 사슴일 수도 있었을 것이다. 하지만 그것이 맹수인지, 위험하지 않은 초식동물인지 알아내기 위해 가까워질 때까지 기다리는 것은 현명한 일이 아니었다.

도망의 전략은 생존을 보장해주긴 했지만 그 이상은 아니었다. 생존에 급급한 방식으로는 발전이 불가능했다. 초기 인류는 이 같은 행동방식 때문에 삶을 진화시켜나갈 수가 없었다. 목표에 도달한 적이 없었다. 단지 반응할 뿐, 행동하지 않았다. 외부의 상황과 조건들이 그들의 삶을 결정지었다. 그들에게는 자기결정권이 없었다.

그렇다. 포기해서는 안 되는 결정적 이유는 자기결정권을 손에 넣을 수 없기 때문이다. 인내심을 발휘하는 사람만이 성장하고 변화하고 자기 삶을 주도한다. 외부 환경과 조건을 효과적으로 통제하고, 자유를 누린다.

연금술사들은 말한다.

"성공하는 사람들은 언제나 자신의 일을 하고 있다."

지금 당신이 성공하는 삶을 살고 있는지를 알고 싶다면 이 말을 곱씹으면 된다. 남이 맡긴 일을 하고 있는가? 남에게 보여주기 위한 일을 하고 있는가? 그렇다면 당신에게는 혁명이 필요하다.

무조건 자기 사업을 하라는 것이 아니다. 회사를 먹여 살리는 인재들은 고용되어 있다 할지라도 언제나 자기 일을 하고 있다. 그들은 사장을 위해 일하지 않는다. 자신의 커리어와 발전을 위해 일한다. 그들이 고용주를 위해 일하는 피고용인에 불과했다면, 그들은 결코 회사를 먹여 살릴 만한 큰 인재가 되지 못했을 것이다.

오직 생존만이 목표인 사람에겐 도망치는 것이 최선의 전략이다. 그리고 이 전략은 그런 목표를 가진 사람에게 언제나 만족을 준다. 하지만 자신의 삶을 살겠다고 결심한 사람은, 그 보상을 얻기 위해 대가를 치를 줄 알아야 한다.

도망치는 것은 자신의 잠재력을 한껏 발휘함으로써 만나게 될 미래의 자신으로부터 도망치는 것이다. 제아무리 훌륭하게 도망친다 해도 결국 도달하는 곳은 타인이 만들어놓은 세계일 뿐이다. 그 세계는 제아무리 멋진 변명으로 포장된다 할지라도, 당신의 삶을 가두는 감옥일 뿐이다.

지금 자신의 일을 하라.

지금 자신과 싸워라.

지금 성공하라.

지금이 아니면 언제 할 것인가!

우리는 왜 포기하는가

: 사람들이 포기하고 싶어지는 지점까지 오게 되는 이유는 무엇인가?

고백하자면 지금껏 살아오면서 내게도 뭔가를 포기하려 했던 경험이 세 차례 있다. 특히 세 번째 상황이 가장 극단적이었다. 그 일을 극복하고 난 후 몇 주일이 더 지나서야 나는 당시 내가 처해 있던 상황을 좀 더 명확하게 직시할 수 있었다.

이윽고 다음과 같은 의문이 들었다. '나는 왜 포기하고 싶은 마음이 강렬해지는 지점까지 나를 이끌었는가?'

시간을 들여 진지하게 이 질문에 대한 답을 찾아보았다. 내 지혜로운 코치에게도 조언을 구했고, 대가들이 쓴 책들도 탐

독해보았다. 존경하던 업계 리더들과 CEO들에게도 편지를 보내거나 전화 통화를 나누었다.

오랜 숙고와 노력 끝에 나는 몇 가지 답을 찾아내는 데 성공했다. 내가 포기의 유혹에 강렬하게 휩싸였던 이유는 당시 상황을 둘러싼 외부 조건들과는 별 상관이 없었다. '성격적 약점' 때문이었다.

첫째, 나는 내 실패를 내가 처한 환경과 상황 탓으로 돌렸다. 성공하려면 환경과 상황, 흐름을 내 것으로 만들어야 하는데, 내 것으로 만들기는커녕 그것들은 언제나 '내가 할 수 없는 이유'의 훌륭한 구실이 되어주었다. 어떤 일에 성공하려면 '변화'가 있어야 하는데, 나는 무엇보다 나 자신을 변화·개선시킬 의지가 없었다.

주변 환경과 조건을 내 것으로 만들려면, 그것들을 내 쪽으로 끌어당겨서는 안 된다. 내가 그쪽으로 갈 줄 알아야 한다. 산을 옮기려면 내가 산으로 가야 한다. 산이 내게 와주는 경우는 없다.

둘째, 나는 오만했다. 나는 스스로 모든 것에 대한 답을 갖고 있었다.

독일의 문호 괴테Goethe는 이렇게 말했다.

"인간은 모두 무언가 되고 싶어 한다. 하지만 그 누구도 무언가가 되려고 노력하지는 않는다."

참된 성장을 원한다면 먼저 배울 준비가 되어 있어야 한다. 성장의 과정은 학교 시스템과 비슷하다. 1학년에서 시작해 2학년으로, 그리고 3학년으로 올라간다. 영리한 시스템이다. 이 시스템의 배후에 있는 원칙은 '실력이 좋아질수록 더 큰 경기에 나갈 수 있다'다. 하지만 정말 많은 사람들이 이 시스템을 포기한다. 그들은 더 큰 경기에 나갈 궁리만 할 뿐 더 큰 경기에 걸맞은 실력을 갖췄는가에 대한 검토엔 매우 인색하다. 높은 보수와 멋진 직장은 인생의 목표가 될 수 없다. 그건 우리가 큰 경기를 뛰는 실력을 갖추는 데 성공했을 때 얻어지는 전리품일 뿐이다. 목표는 언제나 '실력을 갖추는 것'이다.

성장과 성공을 원하는 사람은 예외 없이 1학년 교실에 들어가 기초를 탄탄하게 배워나가야 한다. 먼저 1만 달러를 저축하고 투자하는 법을 배운 후에야 10만 달러를 모으고 투자하는 법을 터득할 수 있다. 사칙연산을 모르는 학생이 미적분을 풀 수 없는 이치와 같다. 우리는 이 사실을 너무나 잘 알고 있다. 다만 모르는 척 외면할 뿐이다.

더 나은 상황은 주어지지 않는다. 그러니 기다려서는 안 된다.

바로 지금의 상황이 우리에게 주어진 최선의 상황임을 명확히 인식하면 포기의 유혹에서 벗어날 힘을 얻는다.

셋째, 나 자신에 대한 믿음이 없었다. 스스로 능력이 부족하다고 생각했다. 내가 하고 있는 일에 내 자신이 적합지 않다고 여겼다. 물론 이 모든 것 또한 핑계와 변명에 다름 아니었다. 어떤 일을 시작할 때는 결과를 예단해서는 안 된다. 명쾌한 결과를 가져다주는 일은 세상에 거의 존재하지 않는다. 좋은 결과를 기대하려면, 그 일에 집중하는 법을 먼저 배워야 한다. 무엇이 먼저인지, 우선순위를 정하는 연습을 충분히 하면 인생은 달라진다. 결과 또한 언제든 달라진다. 결과는 고정적이지 않다. 언제, 어떻게, 어떤 태도로 접근하느냐에 따라 다양한 모습으로 바뀐다.

연금술사들은 말한다.

"어떤 일을 할 때 그게 너무 가볍게 느껴지면 당신은 이미 그 일을 해낼 충분한 능력을 갖췄다는 뜻이다. 즉 그 일은 언제든 성공적으로 할 수 있다는 의미다. 이처럼 언제든 성공할 수 있는 일의 목록을 만들어보라. 더 큰 도전을 향한 자신감이 생겨날 것이다. 자신감이 있으면 무너지지 않는다."

최악의 순간을 기록으로 남겨 다시 일어설 수 있는 힘을 회복하는 것도 중요하고, 성공의 경험을 기록으로 남겨 더 큰 도전에 나설 수 있는 힘을 얻는 것도 중요하다. 복잡한 머리를 비우는 가장 좋은 방법은, 머릿속에 꽉 들어찬 모든 것을 종이 위에 차근차근 떨어뜨리는 것이다.

넷째, 나는 항상 뭔가를 걱정했다. 걱정은 뭔가가 자신이 원치 않는 특정한 모습으로 다가오는 걸 상상하는 것이다. 일어날 수 있는 모든 부정적인 현상에 대한 짐작이다. 나는 내가 원하지 않는 뭔가에 지나치게 자주 집중했다. '원하지 않는 뭔가'에 지나치게 집착할 게 아니라 '원하는 것'에 집중해야 함을 깨닫기까지는 오랜 시간이 걸렸다. 원하지 않는 뭔가에 매달리면 매달릴수록 두려움이 커지고, 원하지 않는 뭔가가 실제로 그 모습을 드러내기도 한다.

세계적인 동기부여 전문가 나폴레온 힐Napoleon Hill은 이렇게 말했다.

"인내심을 얻을 수 있는 가장 간단한 방법이 있다. 목표를 정확히 설정하고, 자신감을 키우고, 명백한 계획을 수립하는 것이다. 그러면 자연스럽게 인내심이 강화된다."

어느 순간 우리는 목표를 완전히 잊어버린다. 성공 일기의 작성도 까맣게 잊는다. 명백한 계획을 세워본 것이 언제인지 기억조차 나지 않게 된다. 모든 것이 방향을 잃고 표류하기 시작하는 순간 버틸 힘이 조금씩 조금씩 우리 내면에서 빠져나간다. 그러면서 조금씩 조금씩 좌절해간다. 좌절에 빠진 사람들은 원하지 않는 것을 바라본다. 잘할 수도 없고 적성에도 맞지 않는 일을 궁리하기 시작한다. 실패는 이렇게 우리를 찾아온다.

연금술사들은 말한다.

"인내란 원하지 않는 것, 하기 싫은 것을 억지로 견디는 게 아니다. 그걸 오랜 시간 동안 억지로 견딜 수 있는 사람은 없다. 인내란 원하는 것, 하고 싶은 열망이 올바른 기회를 얻기까지를 기다리는 것이다."

강력한 인내심을 구성하는 또 다른 중요한 요소는 같은 뜻을 가진 사람들과의 협력과 연대다. 거친 파도를 꿋꿋이 견뎌내는 바위처럼 강한 책임감을 지닌 사람들과 함께 하는 것이 중요하다. 나는 이러한 사람들을 '독수리'라고 칭한다. 그들에게는 포기라는 선택지가 존재하지 않는다. 독수리들은 누군가 그들이 현재 걷고 있는 길보다 훨씬 쉽고 빠르고 편한 길이 있다고 속삭여도 전혀 귀를 기울이지 않는다. 그들은 한눈을 파는 일이 없다. 그들이 옆을 돌아보는 유일한 경우는 서로를 격려할 때뿐이다.

인간의 후회는 늘 이렇다.

'하루만 더 버텼다면 그 일을 해냈을 수도 있었어……'

포기하는 사람은 절대 하루만 더 버틸 재간이 없다. 하루를 더 버틸 능력이 없어 포기하는 것이기 때문이다. 하루를 더 버틸 수 있는 사람은 지금껏 매일을 버텨온 사람이다.

원하지 않는 것을, 뜻하지 않은 상황을, 하기 싫은 것을 어떻게 매일 버틸 수 있겠는가? 원하지 않는 것을 견뎌야 한다는 느낌이 들 때는 빠르게 목표, 계획, 성공 일기 등을 다시 꼼꼼하게 챙겨봐야 한다. 뭔가 잘못되고 있다는 신호이고, 뭔가

개선이 필요하다는 피드백이기 때문이다.

나는 목표를 달성하려면 무조건 불평불만을 감수해야 한다고 생각했다. 온갖 비난을 견뎌야 한다고 생각했다. 질끈 눈을 감고 입술을 깨물며 그 모든 것을 견뎌야 마땅하다고 생각했다.

틀렸다. 완전한 착각이었다. 멘탈의 연금술사들을 만나면서 진정한 인내심에 눈을 뜰 수 있었다. 인내심이란 부정적인 것들의 공격을 견디는 게 아니었다. 긍정적인 것들이 기회를 얻을 때까지 기다려주는 것이었다.

포기의 유혹을 견디는 법을 알게 된 후 비로소 나는 왜 원하는 것을 해야 하는지 알게 되었다. 왜 지금 이 순간을 살아야 하는지 알게 되었다. 마침내 나는 동일한 시간, 동일한 공간 속에서 완전히 다른, 완전히 새로운 삶을 향한 첫 걸음을 떼는 데 성공했다.

알아차림의
달인이 되어라

: 나폴레온 힐은 "인내심은 하나의 습관이다"라고 강조했다. 그렇다. 인내심은 의식적인 행동이 아니다. 멘탈의 연금술사들에게 인내심은 힘겨운 기다림이 아니라 밥을 먹고 양치를 하고 숨을 쉬는 것과 같은 자연스러운 습관이다.

그들은 말한다.

"내가 지금 이 순간 인내심을 잘 발휘하느냐를 파악하는 방법이 있다. 내가 지금 인내심을 잃고 있는 것은 아닌지 파악하면 된다."

평소에 독서를 좋아하는 당신이 언젠가부터 책을 읽지 않고 있다는 사실을 알아차렸을 때는 당신의 삶에 수정이 필요하다. 독서를 통해 얻을 수 있는 목표가 흔들리고 있다는 뜻이기 때문이다. 목표가 흔들리고 있다는 것은 목표를 얻는 노력, 즉 인내심이 올바르게 작동하지 않고 있다는 뜻이다. 메모를 하지 않고 있고, 일기를 쓰지 않고 있고, 야근이 많아지고 있고, 메일에 적절한 답장을 하지 않고 있고, 스마트폰을 손에서 놓지 않고 있다면 인내심의 한 구성요소가 제대로 작동하지 않고 있다는 의미다.

자기 일에 100퍼센트 전력을 다하지 못하고 있다는 느낌이 들 때도 마찬가지다. 이는 딴 생각을 하고 남은 시간에만 자기 일을 하고 있다는 의미다. 딴 생각을 하는 건 나쁘지 않다. 딴 생각의 정체를 분명하게 알지 못한 채 그걸 생각하는 데 에너지를 쓰고 있는 것이 나쁘다. 자기 일을 하는 데 가장 소중한 시간을 쓰고 있다는 충만한 느낌을 얻지 못하면, 아무 목표도 얻을 수 없음을 멘탈에 각인하라.

타인의 말에 자주 솔깃하고 있는 상황도 마찬가지다. 이는 경청과는 판이하게 다르다. 특히 타인의 속삭임에 반응하는 것은 지금 하고 있는 일에 염증을 느끼고 있는 상태임을 암시한다. 독수리들의 말을 경청하고 있는 것인지, 오리들의 말에 귀를 대고 있는 것인지 분명하게 파악하라.

규칙적으로 출퇴근하고 있지만 책도 안 읽고, 세미나에도 참석하지 않고, 오디오 프로그램도 듣지 않고, 성공하는 사람들을 만나지도 않고 있다면 당신은 포기하고 싶어하는 지점에 거의 도달한 것이다. 뭔가 그럴듯한 변명과 핑곗거리, 정당화만 부여받으면 즉시 중도 포기할 태세에 돌입해 있다는 뜻이다.

연금술사들은 말한다.

"자기 삶에서 소중한 것을 성취하는 사람들은 '알아차림'의 달인들이다. 대부분 알아차리지 못하기 때문에 한 발 늦고, 하루를 더 버티지 못하고, 정상의 문턱에서 주저앉는다. 더 안타까운 것은 자신이 알아차리지 못하고 있다는 사실조차 알아차리지 못한 채 살아간다는 것이다."

알겠는가?

포기하는 사람은 정말 최선을 다해 포기할 준비를 한다.

속도를 만들어라

 ° 포기의 유혹으로부터 자신을
가장 잘 지킬 수 있는 방법들 중 하나는 '추진력'을 유지하는
것이다. 추진력이 높은 사람은 외부 환경과 조건에 그다지 간
섭을 받지 않는다. 낯설고 새로운 상황에 맞닥뜨려도 그것에
별 영향을 받지 않는다.

그렇다면 추진력이란 정확히 무엇인가?

달리는 기차를 예로 들어보자.

시속 200킬로미터로 선로 위를 질주하는 기차를 멈춰 세울
수 있는 방법은 무엇일까? 제아무리 담장을 두껍게 쌓아 막
아놓는다 하더라도 기차는 가볍게 그것을 뚫고 맹렬하게 질

주할 것이다. 왜냐하면 폭주하는 기차는 '추진력'을 갖고 있기 때문이다. 추진력이 있는 기차는 움직이는 중이며, 움직이는 힘을 지니고 있으며, 이미 속도를 내기 시작한 상태다.

기관차의 동력은 수천 마력에 달한다. 열차 전체를 충분히 끌고 갈 만큼 강력하다. 하지만 일단 정지해 있으면 기관차는 아주 작은 저항에도 굴복한다. 정지해 있는 기관차 바퀴 앞에 쐐기를 밀어 넣으면 기관차는 절대 출발할 수가 없다. 아무리 출력을 높여도 소용없다.

늘 움직이고 있는 중이며, 움직이는 힘을 지니고 있으며, 이미 속도를 내기 시작한 상태가 아니면, 다시 말해 추진력이 없으면 아주 사소한 장애물 하나가 인생 전체를 무너뜨릴 수도 있다. 반면 추진력이 작동 중이면 어떤 방해물도 아무런 문제가 되지 않는다. 거침없이 뚫고 전진할 수 있다.

인내심을 갖고 버틴다는 것은, 이 같은 추진력이 작동 중인 상태를 뜻한다. 우리가 오래된 습관을 바꾸는 데 그토록 애를 먹는 이유가 여기에 있다. 어떤 습관이 오랜 시간 동안 작동 중인 상황에서는 이를 갈아치우기가 쉽지 않다. 새로운 습관을 들이는 것도 마찬가지다. 새로운 습관의 바퀴 앞에 쐐기가 놓여 있으면 그것이 제아무리 뛰어난 습관이라 할지라도 작동이 불가능하다.

따라서 지금 당장 좋은 추진력을 장착하라. 거침없이 작동시켜라. 좋은 추진력이 언제나 작동 중인 삶을 만들면 어떤 방해물도 당신을 가로막지 못한다. 장애물을 완전히 치울 수는 없지만, 장애물의 의도는 무력화시킬 수 있다. 당신의 목표는 장애물 제거가 아니다. 장애물에 구애받지 않는 삶을 만들어 내는 것이다. 당신의 행동 하나하나가 당신의 추진력을 약화시키거나 증대시킨다는 사실을 명심하라.

연금술사들은 말한다.

"새로운 일을 할 때는 최대한 빨리 추진력을 확보할 수 있어야 한다. 정지해 있는 차를 몇 미터라도 미는 데 젖먹던 힘까지 써야 한다. 일단 바퀴가 구르기만 하면, 목표까지 가는 길이 생각보다 훨씬 쉬워진다. 성공하는 사람은 힘을 어디에 쓸 것인지, 어느 부분에 집중할 것인지에 대한 디테일한 계획을 갖고 있는 사람이다."

추진력이 높지 않은 사람들의 특징은 이렇다.

"시험 삼아 해보지 뭐."

"경험 쌓는다, 생각하자."

"이봐, 그래봤자 우린 월급쟁이야. 열심히 일해야 사장 배만 불릴 뿐이야."

"완벽한 전략이 완벽한 실행을 만들지."

시험 삼아 해보는 것, 경험을 쌓기 위해 해보는 것은 모두 아마추어적 발상이다. '나는 지금 아마추어에요, 여러분!'이라고 사람들 앞에서 선언하는 것에 다름 아니다. 좋은 결과를 얻지 못해도 이해해달라고 부탁하는 자기변명에 불과하다.

어떤 일을 하든, 가장 먼저 해야 할 것은 '전력을 다하는 것'이다. 자동차가 어디로 굴러갈지는 일단 바퀴를 굴려놓은 다음 그 방향을 살피면서 결정해도 늦지 않다.

많은 사람들이 '최선을 다했지만……'이란 말을 습관처럼 입에 달고 산다. 하지만 최선을 다한 사람, 있는 힘을 모두 쏟은 사람은 이런 말을 하지 않는다. 다시 강조하지만 결과는 아무도 모른다. 즉 결과는 두려움의 대상이 아니라 미지의 대상이다. 결과가 어떻게 될지 아무도 모르는 일을 한다는 건 무모하고 두려운 시도가 아니라 흥미진진한 모험이다. 어떤 경우에도 시험 삼아, 경험 삼아 해보겠노라 말하지 마라. 그런 사람은 두터운 신뢰를 받지 못한다.

연금술사들은 말한다.

"우리에게 가능한 것은 오직 두 가지 중 하나다. 뭔가를 하거나, 아무것도 하지 않거나."

시험 삼아 해본다는 것은 아무것도 하지 않는 것이다. 뭔가를 하는 사람은 성공을 기대한다. 뭔가를 시험 삼아 해보는 사람은 뭔가 방해물이 끼어들기를 기다리는 것뿐이다.

아무리 열심히 일해도 월급쟁이일 뿐이라는 체념처럼 인생에서 또 나쁜 게 있을까 싶다. 만일 이런 생각으로 지금 직장을 다니고 있다면, 반드시 퇴사해 다른 일을 찾아야 한다. 앞에서도 말했지만 성공하는 사람은 모두 '자기 일을 하고 있는' 사람이다. 자기 일에 집중하고 있는 사람은 언젠가 기어이 눈에 띈다. 세상은 그런 사람을 발탁해왔다. 성공의 역사를 훑어보면 이는 만고불변의 진리다.

연금술사들은 또 이렇게 말한다.

"추진력은 항상 뜻밖의 결과를 창출한다."

결과는 살아 움직이는 생물이다. 언제든 변한다. 따라서 개별적인 결과에 너무 초점을 맞출 이유가 없다. 일의 시작점에서 예측한 결과치는 의미 없는 경우가 대부분이다. 결과가 아니라 추진력에 집중하라. 같은 일을 하더라도 추진력이 높은 사람이 추진력이 낮은 사람보다 훨씬 더 드라마틱한 결과를 끌어낸다.

추진력을 확보해 놓으면 평범한 사람들에게는 보이지 않는 방법과 길이 나타난다. 전략은 추진력을 통해 보강, 수정, 개선, 발전되어 나간다. 전략과 추진력은 서로 독립적이지 않다. 전략을 통해 추진력을, 추진력을 통해 전략을 완성해나가는 상호보완적 관계다.

추진력은 우리가 원하는 방향으로 스스로 나아가게끔 인도한다.

결과를 무엇보다 중시하는 작업을 선호하는 사람들, 즉 결과지향적인 사람들은 끊임없이 압박에 시달린다. 그들은 뭔가가 저절로 이루어진다는 느낌을 한 번도 경험하지 못한다. 그들은 이런 고민을 한다.

'나는 항상 뭔가를 얻기 위해 죽기 살기로 매달리는데, 어째서 다른 사람들은 별로 힘도 들이지 않으면서도 강력한 태도를 한결같이 유지하는 걸까?'

답은 이렇다.

결과주의자들은 늘 '부족하다'는 압박에 시달린다. '나는 지금 탁월하게 하고 있어'라는 말을 하는 건 너무나 오만방자한 태도라 엄두도 내지 못한다. 조금이라도 실패할까 봐 지금 하고 있는 노력과 기울이는 열정에 절대 만족할 수 없다. 끝없이 '좀 더!' '좀 더 완벽하게!'를 외친다.

다시 말하지만 결과는 움직임을 통해 자동적으로 생성된다. 모든 크고 작은 결과는 움직임이 만들어내는 성과물이다.

연금술사들은 말한다.

"속도를 만들어야 한다. 속도를 만들어놓으면, 거기에 속도가 점점 더 붙는다. 이것저것 재는 데 힘을 쓰지 마라. 속도를 만들어놓으면 고민거리들의 해결 속도도 빨라진다."

제대로 속도를 내기 시작한 사람에겐 멈추는 것보다 계속 앞으로 나아가는 것이 훨씬 쉽다. 우리 모두가 잘 알다시피, 전진하는 사람이 모든 것을 얻는다.

한 가지 위험 요소가 있다. 추진력이 우리에게 불리하게 작용할 수도 있다. 우리는 불평하는 데 속도를 키울 수도 있다. 칼로리 빵빵한 간식을 사거나 불필요한 쇼핑을 하는 데 속도를 낼 수도 있다. 누군가 '엄격한 훈련'을 통해 날마다 초콜릿 한 판을 먹기 시작한다고 가정해보자. 몇 주가 지나고 나면 이 사람에게는 초콜릿을 먹는 추진력이 생긴다. 그러면 이제 그는 당연히 초콜릿에 대한 탐욕을 멈추기 힘들어진다.

'어느 영역에서 추진력을 키울 것인가?'

이 질문을 스스로에게 던져야 한다. 추진력은 엄청난 에너지다. 좋은 습관을 만드는 데 쓰면 삶이 달라지고, 나쁜 습관을 강화하는 데 쓰면 삶은 추락한다.

5분 후를 결정하라

: 추진력을 안정적으로 유지하려면 탄탄한 정신적 근육을 만드는 엄격한 훈련을 쌓아 나가야 한다. 인간은 더 많이 연습할수록 더 능숙해진다. 더 능숙해질수록 결과는 더 좋아진다. 결과가 더 좋아질수록 더 큰 동기가 부여된다. 더 큰 동기가 부여될수록 더 많은 자신의 일을 하고 더 큰 추진력을 얻게 된다.

하지만 우리 모두는 안다. 엄격한 훈련을 우리가 치과의사나 설사만큼이나 지독히도 싫어한다는 것을. 하지만 앞으로 나아가려면 엄격한 훈련이 필수다. 추진력이 생기기 전까지 우리에게는 즉각적인 즐거움과 장기적 보상이라는 두 가지 선택권이 주어진다.

한 가지 좋은 소식은, '싸움'을 영원히 계속해야 하는 건 아니라는 것이다. 엄격한 훈련은 새로운 습관이나 추진력이 자리를 잡을 때까지만 필요하다. 연금술사들의 말을 빌리면 3~6주면 우리는 좋은 속도를 만들어낼 수 있다. 속도가 만들어지고 난 뒤에는 어렵게 느껴졌던 모든 것이 한결 쉬워진다. 엄격한 훈련으로 만들어진 속도를 통해 우리는 힘겨웠던 일이 즐거운 일이 되는 매직을 경험한다.

조깅을 예로 들어보자.

첫째, 출발 단계다.

앞에서 말했듯 이 단계는 3~6주가 걸린다. 조깅을 위해 아침 일찍 자리에서 일어나려는 자신과의 지루한 싸움이 반복적으로 벌어진다.

둘째, 추진력이 점점 축적되는 단계다.

아침에 눈을 뜨면 당연하다는 듯 운동화를 신게 된다. 하지만 아직 매일은 아니다. 일주일에 닷새는 자동적으로 운동화를 신고, 나머지 이틀은 엄격하게 마음을 다잡아야 운동화를 신는 데 성공한다. 하지만 엄격하게 마음을 다잡아야 하는 경우가 첫 번째 단계만큼 빈번하지는 않다. 일단 달리기를 시작하고 나면 어느덧 자신도 모르게 달리기를 즐긴다. 바로 이 상황이 처음 몇 주 동안과 비교할 때 크게 다르다.

세 번째 단계는 약 1년 후에 본격 시작된다.

이제 당신은 아침마다 잠이 덜 깨 비틀거리더라도 자동적으로 운동화를 신는다. 심지어 조깅을 할 것이라는 기쁨에 잠을 깨기도 한다. 한 달에 한두 번 정도는 여전히 괴롭긴 하다. 엄격하게 마음을 다잡아야 문 밖을 나설 수 있다.

성공하는 사람들은 항상 이 세 번째 단계에 도착하고, 이 수준을 평생 유지한다. 가끔씩 엄격한 훈련이 필요하지만, 대부분의 날에는 좋은 추진력이 자동적으로 유지된다.

그렇다. 적절한 추진력이 구축된 후에는 '유지'가 중요해진다. 조깅의 예에서 보았듯, 유지를 위해서는 가끔씩 엄격한 규율을 적용하면 된다. 확보해놓은 추진력이 유지를 위해 쓰는 힘보다 훨씬 많은 힘을 당신에게 제공한다.

독일의 한 기업이 수백만 유로에 달하는 거액을 신상품의 홍보 활동에 지출한 적 있다. 홍보 마케팅은 성공적이었고 매출은 급상승했다. 그럼에도 그 기업은 계속해서 막대한 홍보비를 쓰는 데 주저함이 없었다. 한 경제신문 기자가 그 기업 CEO에게 물었다.

"일단 회사의 신상품이 소비자 사이에서 연착륙을 한 것 같은데, 계속해서 공격적으로 홍보를 하시는 이유가 무엇입니까? 비용을 절감해 이익을 극대화해야 하는 상황이 아닌가요?"

CEO가 코웃음을 쳤다.

"연착륙이요? 연착륙을 하려면 먼저 비행기를 공중에 띄워야 하지요. 여기엔 막대한 에너지가 공급되어야 합니다. 비행기가 공중에 뜬 다음 일정한 시간이 흐르면 안전벨트 착용 표시등이 꺼지고 편안하게 목표를 향해 나아가게 됩니다. 이때 에너지 공급을 멈추고 비행기 엔진을 끄면 어떻게 될까요? 급전직하 추락하면서 연착륙은커녕 비상착륙에도 실패하게 되겠죠. 우리가 만든 신상품의 초기 반응을 위해 수백만 유로를 쓰는 것과 목표를 향해 나가는 지금 수백만 유로를 쓰는 것은 완전히 다른 차원의 비용 집행입니다. 처음엔 수백만 유로를 쓰는 게 무척이나 힘든 결정이었지만, 지금 수백만 유로를 쓰는 건 즐겁고 행복한 의사결정입니다. 공급할 에너지가 없어 어쩔 수 없이 엔진을 꺼야 하는 상황이 아니니까요. 에너지만 계속 공급하면 부드럽게 착륙할 수 있다는 것을 잘 알고 있으니까요."

추진력은 눈송이를 굴리는 일이다. 처음에 작은 눈뭉치를 산 아래로 굴리는 데에는 시간과 노력이 든다. 하지만 눈뭉치가 눈덩이가 되어 굴러가기 시작하면 잘 살펴보라. 눈덩이는 굴러가면서 계속 커지고 커져 주변의 모든 사물을 덮칠 것이다. 모든 것을 쓸어가며 계속 굴러간다.

성공하는 사람들, 멘탈의 연금술사들은 추진력을 높이기 위해 전력을 다해 일한다. 의미 있는 일을 시작하기 위해서는 많은 시간과 노력이 요구된다. 하지만 일단 일이 진행되기 시작하면 당신 외에 그 누구도, 그 무엇도 그 일을 중단시킬 수 없다.

사실 우리는 포기를 밥 먹듯 한다. 나의 코치는 늘 이렇게 말했다.

"흔히 인생을 마라톤에 비유하지. 맞아, 인생은 장거리 달리기지. 수없이 많은 단거리 달리기로 이어진 장거리 달리기 말일세. 우선 100미터만 잘 뛰면 되는데, 처음부터 수십 킬로미터를 뛸 생각을 하니 자꾸 포기하고 싶어지는 거지."

100미터만 잘 뛰어도 좋은 추진력이 생길 텐데, 우리는 쉽게 포기한다. 목표를 향해 잘 뛰고 있다가도 납득할 수 없는 이유로 포기하는 경우도 허다하다. 무엇보다 우리는 목표를 너무 먼 곳에 둔다.

가장 경계해야 할 것은 좀비처럼 일하는 것이다. 포기한 것도 아니고 속도를 붙이는 것도 아닌, 아무 영혼 없는 움직임으로 하루를 보내는 사람이 되는 건 최악이다.

연금술사들은 말한다.

"5년 후가 아니라 5분 후에 내가 어떤 사람이 될 것인지를 결정하라."

거창할 필요 없다.

자신의 일을 하며 날마다 버티고, 젖먹던 힘을 다해 좋은 속도를 만들고, 좋은 속도 위에 속도를 붙여가는 시스템을 만들면 멘탈은 빛나는 강철처럼 단단해진다.

언제나 출발점만 존재한다

:성공하는 사람과 실패하는 사람의 차이는 '믿음'에 있다. 승자에게는 '확신'이 있고 패자에게는 '의심'이 있다.

승자들은 어린아이와 같은 믿음을 지니고 있다. 그들은 자신의 삶 속에 어떤 '이끌어주는 손길'이 존재하고 모든 것에 의미가 있다고 굳게 믿는다. 종교의 차원이 아니다. 어떤 선한 에너지가 자신을 끌어주고 있다는 강한 믿음이 그들의 표정을 충만한 빛으로 채운다.

그들은 늘 의미를 찾는다. 의미는 항상 곧바로 인식되지 않기에, 그 의미를 의식적으로 찾아보아야 알아차릴 수 있다고 생각한다. 각자 지금 서 있는 자리에도 각별한 의미가 존재한다고 믿는다.

그들은 이렇게 말한다.

"실패하는 사람들은 언제나 설명을 요구한다. 눈에 보이는지, 어떻게 생겼는지, 어디에서 와서 어디로 가는지……. 명쾌한 증명과 설명이 없으면 아무것도 믿지 않는다. 나아가 충분한 증명과 설명이 있어도 의심의 눈초리를 거두지 않는다. 그들은 처음부터 아무것도 믿지 않았던 것이다."

어떤 일에 처음 성공한 사람을 평가할 때 우리는 이렇게 말하곤 한다.

"이 친구, 드디어 그 일에 눈을 떴군."

그렇다. 성공하려면 눈을 떠야 한다. 눈을 뜨면 의심이 사라지고 믿음을 발견할 수 있다. 믿음은 의심스러운 것을 명확히 해소함으로써 형성되는 것이 아니다. 믿음은 의심 자체를 지워낸 자리다. 의심이라는 커튼을 치우고 창을 활짝 열어젖힌 상태가 곧 믿음이다.

눈을 뜨고 생각해보면, 지금 당신이 읽고 있는 이 책이 앞에서 말한 '이끄는 손길'일 수도 있다. 지난 시간을 후회와 아쉬움 속에 떠올리지 말고, 하필 내가 왜 이 책을 지금 읽고 있는지에 집중해보라. 모래사장에서 사금을 캐듯 이 책에서 당신에게 유용할 의미들을 몇 가지라도 찾아보라.

의심은 지루하다. 재미가 없다. 의미를 찾는 것은 흥미롭다. 집중력이 자연스럽게 좋아진다. 의심은 쉽게 지치게 만든다. 의미를 찾는 작업은 생산적인 피로감을 제공한다. 의심을 거듭하는 것보다 의미를 찾고 믿음을 회복하는 것이 우리를 버티게 만든다.

연금술사들은 말한다.

"실패하는 사람들은 모든 것을 의심하면서 오직 하나만은 철석같이 믿는다. '불행'이다."

자신을 불행의 희생자로 포지셔닝하는 사람은 행운을 발견할 수 없다. 모든 일의 뒤에는 이끌어주는 손길이 있다고, 불행이 아니라 행운이 있다고 믿고 사는 게 훨씬 안정적인 멘탈을 이끈다. 불행을 믿을 것인지, 행운을 믿을 것인지는 물론 전적으로 당신에게 달려 있다. 나아가 다음의 사실을 인식하는 것도 포기하지 않고 버티는 데 큰 도움을 준다.

'나는 우주의 중심이 아니다.'

우주의 중심은 우주다. 나와 당신, 우리가 아니다. 지금 우리가 당면하고 있는 두려움과 걱정은 그저 산들바람에 불과하다. 너무 무거운 책임을 짊어질 필요도 없고, 너무 많은 사람의 기대를 충족시킬 필요도 없다.

중심에 서 있고자 하는 괴로움을 벗어던지면 우리는 더 차분해지고 자유로워진다. '해내야 할 의무'에서 '누려야 할 권리'로 삶의 초점이 옮겨진다. 누리는 삶 안에서는 치명적인 것처럼 느껴졌던 실수와 잘못과 문제들이 큰 비중을 차지하지 않게 된다.

분명 이는 모순처럼 보인다. 삶을 유희로 여기는 동시에 삶에서 만나는 사건들의 의미를 진지하게 찾으라고 하니까 말이다. 핵심은 가볍게 살라는 것이다. 진지한 목적을 추구하면서도 얼마든지 가볍게 살 수 있다. 삶과 건강한 간격을 유지하면서 필요할 때마다 집중력을 발휘하는 것, 그것이 아마도 우리가 추구해야 할 궁극적인 목표일 것이다. 힘겹고 무겁게 살기 위해 노력하는 사람은 없다. 모든 것에서 홀가분해지는 삶이야말로 최고의 행복이지 않겠는가.

특정한 사건, 상황에 너무 얽매일 필요도 없고 도망가거나 회피할 필요도 없다. 의미를 찾는 것은 쉽게 포기하지 않도록 도와준다. 가볍게 사는 것은 의미를 찾는 삶을 건강하게 유지시키는 데 활력을 제공한다.

연금술사들은 말한다.

"우리는 언제나 출발점에 서 있다."

이 책을 읽는 당신도, 이 책의 집필을 모두 마친 나도 출발점에 서 있다. 삶에는 언제나 출발점만 존재한다는 사실에 눈을 뜨면, 우리는 무엇이든 시작할 수 있다. 인생에 늦은 때란 없으며 포기하지 않고 버티면 반드시 삶이 우리에게 가르치는 보석 같은 의미를 발견할 수 있다.

눈을 떠라.

우주의 수많은 것들이 당신을 기꺼이 도울 것이다.

어려울 때 내게 큰 힘을 주었던 영화 〈스타워즈〉의 메시지를 당신에게도 선물한다.

"포스force가 함께 하기를!"

포기하지 마라. 포기만 이겨내면 아무것도 당신을 저지하지 못한다. 능력을 최대한 발휘하는 사람이 될 수 있다.

"인내심이 당신과 함께 하기를!"

○ ● ●

멘탈 연금술사들의
지혜로운 조언

1. 버티는 것이 가장 중요하다. 인내심이 모든 성공 요소의 출발점
   이다.

2. 포기하지 않으면 기회는 반드시 찾아온다.

3. 포기를 듣기 좋은 말로 절대 미화하지 않는다. 포기하고 싶을 때
   는 '포기하고 싶다'고 정확하게 자신에게 말하라.

4. 깨끗하게 포기하라. 그렇지 않으면 미련과 후회가 그림자처럼
   따라다닌다.

5. 무대에서 사라지지 마라. 그러면 기어이 당신을 알아보는 관객을 만날 것이다.

6. 가벼운 아령으로는 근육을 키울 수 없다. 한계는 기적의 입구다. 감당할 수 없는 과제가 주어지면 기뻐하라.

7. 우회로를 찾지 마라. 정면돌파하라. 정면돌파를 해본 사람만이 우회로를 찾을 줄 안다.

8. 폭풍우를 견디며 나무는 하늘 높이 성장한다. 비바람을 피하지 마라. 비바람이야말로 우리를 강하게 키워낼, 우리가 그토록 찾아 헤맨 튼튼한 거처다.

9. 기꺼이 대가를 치러라. 지금껏 당신이 손에 넣은 값진 것들 중에 거저 얻어진 것이 있던가? 싸게 얻은 것들 중 당신 곁에 지금 남아 있는 게 있던가? 비싼 대가를 치른 것에는 반드시 그만큼의 가치가 존재한다.

10. 성공은 비단길 위에 있지 않다. 비단을 찾아가는 험난한 길 위에 있다.

11. 밤이 가장 어두워졌을 때 마침내 새로운 날이 밝는다. 가파른

경사를 오르느라 숨이 턱턱 막히고 고통스럽다면, 정상에 가까워졌다는 신호다.

12. 명심하라, 당신 자체가 기적이다.

13. 성공하는 사람들은 부와 명예를 얻는 데 성공하는 게 아니다. 끊임없이 버티는 데 성공하는 것이다.

14. 좌절의 순간에는 정확한 인식을 가질 수 없다. 이럴 때는 고민하지 않고 더 열심히 일하는 게 최선의 전략이다. 감정 기복의 골짜기에서 빠져나와야 비로소 미래를 보는 눈과 통찰을 얻을 수 있다. 미어캣 이야기를 간직하라. 모든 일에는 사계절이 있다. 여름이 가면 겨울이 오고, 겨울을 지나야 푸른 여름이 온다. 영원한 것은 없다는 사실을 분명하게 인식하면, 포기해야 할 하등의 이유가 없다는 사실 또한 강렬한 깨달음으로 우리를 찾아온다.

15. 당신 자신의 일을 하라. 언제, 어디서, 무엇을 하든.

16. 넓히지 마라. 흥미진진한 것들은 깊이를 파고들 때 발견된다.

17. 줄행랑을 치는 것도 하나의 전략이다. 하지만 도망을 치는 것

은 생존 이상의 승리를 가져다주지 않는다. 생존이 목적이라면 즉시 포기하는 게 가장 좋은 전략이다.

18. 고통을 멀리한다는 것은, 기쁨의 기회도 멀리한다는 뜻이다.

19. 마지막 하루를 더 버틸 수 있는 사람은 매일을 버텨온 사람이다.

20. 지금 성공하라. 지금이 아니면 언제 성공하겠는가!

21. 포기할 틈새를 주지 않는 독수리들과 함께 하라.

22. 포기하는 사람은 정말 최선을 다해 포기할 준비를 한다.

23. 모르는 척하지 마라. 외면하지 마라. 의식적으로 뚜렷하게 알아차려라.

24. 최악의 순간을 기록하라. 동시에 성공 일기를 작성하라. 이 두 기록은 당신을 목표로 이끄는 두 개의 바퀴다.

25. 속도를 만들어라. 나머지는 저절로 이루어질 것이다.

26. 5년이 아니라 5분 후의 삶을 결정하라.

27. 포기하는 사람은 버텨내는 사람의 발끝에도 미치지 못한다.

28. 실패하는 사람들의 유일한 믿음은 '불행'이 찾아올 것이라는 것이다.

29. 목적지는 아무도 모른다. 우리는 언제나 출발점에 서 있을 뿐이다.

30. 인내심이 당신과 함께 하기를!

2장

두려움의 용을
쓰러뜨려라

"당신에게는,
당신의 세상을 움직일 힘이 있다."

리스트를 만들어라

：인내심은 우리 삶의 기초체력이다. 하지만 인내심을 갖고 버틴다고 해서 모든 일이 저절로 굴러가지는 않는다. 특정한 진로를 결정했을 때는 기다렸다는 듯이 문제들이 나타난다. 숙고와 결단 전에는 보이지 않았던, 짐작도 못했던 난관들이 차례차례 모습을 드러낸다.

이것이 곧 인생에서 걱정과 두려움이 사라지지 않는 이유다. 목표까지 가는 데 소요되는 비용을 걱정하며 밤잠을 설친다. 건강이 뒷받침해줄지도 고민거리다. 언젠가는 창업이나 독립을 해야 할 텐데, 나를 도와줄 사람과 투자자들이 있을지 생각하면 골치가 지끈지끈하다.

당장 내일 출근하면 맞닥뜨려야 할 상사가 뭐라 할지 걱정이다. 거래처와의 미팅은 잘 끝날 수 있을까? 아이 유치원 학예회 참석은 어떻게 하지? 지금 직장을 그만두면 새 직장을 얻을 수 있을까?

걱정은 인간을 무력하게 만든다. 무력감은 모든 것을 파괴한다. 걱정과 두려움은 파괴적인 힘을 지니고 있다.

흔히 우리는 동료에게 이렇게 말하곤 한다.

"나 지금 걱정이 있어."

앞으로 이런 말은 다음으로 대체하라.

"나 지금 해결해야 할 문제가 있어."

걱정은 '있는 것'이 아니라 '하는 것'이 정확한 표현이다. 즉 걱정은 존재하는 대상이 아니다. 존재하는 것은 해결해야 할 문제, 갈등, 시련, 난관 등이다. 걱정은 허공에서 생겨났다가 허공으로 사라진다. 존재하는 대상을 정확하게 가리키는 습관을 들이면 걱정이 획기적으로 줄어든다. 걱정은 하룻밤 사이에 태산처럼 커졌다가도 1초 후 신기루처럼 싹 없어지기도 한다. 걱정에 대처하는 유일한 자세는, '쓸데없는' 걱정을 하지 않는 것이다.

물론 말처럼 쉽지는 않다. 하지만 분명한 사실은, 걱정의 근원지는 우리 자신이라는 것이다. 어떤 문제가 발생했을 때 습관적으로 걱정에 매달리면 아무것도 해결할 수 없다. 뇌과학

연구자들에 따르면, 걱정을 하는 동안 우리의 뇌는 생산적인 움직임을 보여주지 않는다. 따라서 문제가 발생했을 때 우리가 해야 하는 일은, 걱정을 바라보지 말고 문제를 바라보아야 한다. 문제를 직시하면서 걱정이 아니라 해결책을 생각해내야 한다.

'걱정하지 마라. 당신이 걱정하는 일들 중 90퍼센트는 일어나지 않는다.'

귀에 못이 박히도록 이런 말을 들었을 것이다. 맞는 말이다. 하지만 이 말이 우리의 걱정을 줄여주지는 못한다. 최소한 10퍼센트는 걱정하는 일이 벌어지니까 말이다. 쓸데없는 걱정이나 두려움에 사로잡히지 않으려면, 그 걱정과 두려움이 쓸데없다는 것을 명확히 인식할 수 있어야 한다.

연금술사들은 말한다.

"두려움에서 벗어날 수 있는 유일한 길은, 두려움을 두려워하지 않는 수준까지 멘탈을 끌어올리는 것이다."

어떻게 해야 이것이 가능할까?

첫 번째 방법은 이미 말했다. 걱정이 아니라 문제를 직시하는 것이다.

둘째, '걱정과 두려움을 다루는 방법'이라는 리스트를 만드는 것이다. 이는 앞이 보이지 않았던 20대 시절의 나를 구원한 방법이기도 하다.

당시 나는 끊이지 않는 걱정에 시달렸다. 떠올리기만 하면 순식간에 거대해지는 걱정에 눌려 소파에 붙박인 채 몇 시간씩 앉아있기도 했다. 걱정이 망상으로 변해 숨도 못 쉬던 내게 어느 날 코치가 작은 노트를 건네며 말했다.

"이 노트에 지금 자네가 가장 두려워하는 것이 무엇인지 적어보게나. 그리고 그게 왜 두려운지도 기록해봐. 가장 큰 두려움에서부터 사소한 걱정까지 낱낱이 적어야 해."

내가 가진 가장 큰 두려움은 '미래에 대한 불확실함'이었다. 용기를 갖고 도전했던 비즈니스들이 경험 부족과 전략의 부재로 차례차례 실패하면서 나는 깊이 좌절해 있었다. 앞으로 내가 다시 일어설 수 있을지 몰라 너무나 막막했다.

그런데 노트에 '미래에 대한 불확실함'이라고 쓰고 나자 뭔가 느낌이 좀 달랐다. 뭔가 마음에 들지 않았다. 미래에 대한 불확실함? 이거 너무 추상적이잖아?

나는 '미래에 대한 불확실함'이라고 적힌 줄 밑에 '돈'이라고 적어넣었다. 그래, 이제 좀 구체적이군. 다행히 백수 신세였지만 빚은 없었다. 지금 내가 갖고 있는 돈과 실업급여 등을 계산해보니 앞으로 1년 정도는 백수로 살아도 굶어 죽지는 않을 것 같았다. 당장 일을 하지 않고도 1년 정도 내 앞날에 대해 숙고할 수 있는 시간이 있다고 생각하니, 그토록 어둡던 마음에 살짝 전등이 켜지면서 약간의 여유가 생겼다.

나는 '돈'이라고 쓴 다음 그 옆에 '웃음거리'라고 적었다. 별 경험도 없고 안정적인 투자금도 확보하지 못한 상황에서 사업을 하겠노라 큰소리 빵빵 쳤다가 한없이 쪼그라든 나를, 내가 아는 모든 사람이 손가락질하며 비웃는 것 같았다. 쥐구멍에라도 들어가고 싶은 심정이었다. 다시는 문 밖을 나서지 못할 것 같았다. 웃음거리, 조롱거리가 될 걸 생각하니 이루 말할 수 없이 참담한 심정이었다.

그런데 약간 여유를 찾은 상태에서 '웃음거리'라 적고 이를 들여다보니, 약간 웃음이 났다. 사람들이 나를 비웃는다고? 그런 사람도 있겠지. 하지만 그런 사람은 앞으로 내 인생에 도움이 되지 않을 테지. 안 만나면 그만이지 않은가? 나를 진심으로 걱정하고 격려해주고자 하는 사람들도 있을 거야. 앞으로 그들을 다시는 실망시키지 않으면 되지 않겠는가? 이참에 내 사람이 될 수 있는 사람과 내게 도움이 전혀 되지 않는 사람의 목록을 확실하게 정리해보자…….

타인의 조롱에서 평생 못 벗어날 것 같았던 두려움이 빠른 속도로 사라지고, 그 사라진 자리를 대신해 앞으로 어떻게 할 것인지에 대한 구체적인 실행안들과 결의가 떠올랐다.

두려움의 가장 큰 원천이었던 돈과 웃음거리가 생각보다 큰 두려움이 아니라는 사실을 발견하고 나자 숨통이 트였다. 그리고 나는 두려움과 걱정의 목록들을 정리해나가면서 점점 명확한 깨달음을 얻었다.

'두려움 때문에 꼼짝도 못하는 상황이라도, 꼭 여유를 먼저 챙기자!'

여유. 한 걸음 물러나서 보면 두려움은 쓰러뜨리기 좋은 상대였다. 태산같이 커졌다가도 신기루처럼 순식간에 사라지는 존재이지 않은가. 그런 상대는 물리치기 어려운 난적이 아니다.

훗날 코치는 이렇게 말했다.

"두려움이 눈덩이처럼 불어날 때는 잠시 멈춰 서서 그 눈덩이를 잘게 쪼개야 하지. 쪼개면 쪼갤수록 알게 되지. 눈덩이 속에는 작은 눈송이 말고는 아무것도 들어 있지 않다는 것을. 눈덩이처럼 불어난 것은 내가 키운 두려움뿐이라는 것을."

두려움을 종이 위에 떨어뜨리면 여유와 빈틈이 생겨난다. 그 빈틈으로 호흡을 가다듬으며 종이 위에 떨어뜨린 두려움을 잘게 쪼개는 연습을 하다 보면 구체적인 해결책을 찾게 되고, 일상을 회복하게 되고, 자신감과 열정을 얻게 된다.

연금술사들은 말한다.

"두려움은 '용'과 같다. 무시무시해 보이지만 실존하지는 않는 용 말이다."

당신이 작성한 두려움의 목록은 매우 유용하지만 두려움을 완전히 제거해주지는 못한다. 하지만 두려움이란 용은 빈틈이 많다. 빈틈을 잘 공략하면 두려움을 완전히 없앨 수는 없다 하더라도, 두려움을 잘 길들여 더 이상 두렵지 않은 것으로 만들 수 있다.

한 번 작성한 리스트를 지속 업데이트하면서 목표를 향해 가라. 용이 나타날 때마다 업데이트된 리스트는 훌륭한 방어막이 되어줄 것이다.

알 수 없는 두려움이 엄습할 때는 리스트를 펼쳐 모든 항목을 큰 소리로 읽어보라. 끝까지 읽는 데 10분 이상 걸리지 않을 것이고, 엄습하는 두려움을 무력화시키는 데에도 10분 이상 걸리지는 않을 것이다.

시간을 할당하라

°쓸데없는 걱정과 염려를 다루
는 간단한 지혜가 있다.

시간을 할당하는 것이다. 지금 하고 있는 일들에 '데드라인
deadline'을 부여하는 것이다. 예를 들어 컴퓨터 앞에서 글을 쓰
고 있다고 생각해보자.

글을 쓰는 도중에도 걱정은 슬금슬금 당신의 머릿속으로
기어들어 올 것이다. 물론 이 걱정은 잡념에 불과해 글을 쓰는
집중력을 갉아먹을 것이다. 따라서 미리 시간을 할당한다.

한 시간에 40분은 글을 쓰는 데, 10분은 인터넷 서핑을 하
는 데, 10분은 걱정을 하는 데 할당한다. 단, 걱정에 할당한

10분을 1분씩 쪼개서 열 번에 걸쳐 해서는 안 된다. 각 할당된 시간은 그 이하의 단위로 세분해서는 안 된다. 40분 동안 중단 없이 글을 쓰고, 10분 동안 마음껏 인터넷 서핑을 하고, 그다음 10분 동안 머릿속으로 들어온 걱정과 놀아주는 것이다.

간단해보이지만 효과는 매우 크다. 어떤 일을 할 때 그 과정을 구체적인 작업으로 나누고, 각 작업마다 시간을 할당하고, 나아가 작업을 끝마치는 데드라인을 부여하면 걱정이나 잡생각을 탁월하게 다룰 수 있다.

주목받는 기업가나 명성 높은 CEO들을 만날 때는 그들이 갖고 다니는 수첩에 무엇이 적혀 있는지 꼭 물어보곤 한다. 그러면 대부분 수첩이나 노트들에는 각종 스케줄이 빼곡하게 차 있는데, 일반 사람들과는 확연히 다른 한 가지가 눈에 띈다.

평범한 사람들의 스케줄러에는 대체로 '해야 할 일'의 목록이 채워져 있다. 이는 CEO들도 마찬가지다. 다만 그들의 스케줄러에는 해야 할 일들 목록 옆에 '마감 시간'이 찍혀 있다.

그들은 이렇게 말한다.

"단순히 해야 할 일만 적어 넣으면 점점 일이 쌓이는 것 같은 압박감을 느낀다. 그런데 그 옆에 언제까지 그 일을 할 것인지 시간을 할당해놓으면, 해야 할 일이 아니라 해결한 일이 더 많아지는 느낌이다. 이는 성취감마저 느끼게 하고 알차게 살고 있다는 뿌듯함을 준다."

데드라인을 설정하라는 것은 할당한 시간 내에 그 일을 끝마치라는 것이 아니다. 해야 할 일의 진도를 구체적인 숫자를 통해 확인하면 집중력이 좋아지고 건강한 압박감을 느끼게 된다. 눈에 보이지 않는 것들을 눈에 보이게 만들면 생산성과 효율성이 획기적으로 증가한다. 우리 모두가 잘 알고 있다시피, 걱정은 우리가 마땅히 해야 할 일을 하지 않고 있을 때를 파고든다. 시간을 할당하고 데드라인을 설정하면 하는 일에 촘촘한 체계와 탄탄한 긴장감이 생겨나 걱정과 잡념이 파고드는 길을 봉쇄할 수 있다.

두려움과 걱정은 우리에게서 소중한 시간을 빼앗는다. 한 걸음조차 앞으로 나가지 못하게 만든다. 끝없이 미루게 만들고, 모든 의미 있는 약속과 결심, 의지를 깨뜨린다.

시간을 할당해 두려움과 걱정을 한 곳으로 몰아넣어라. 한 곳에 몰아넣으면 그것들을 통제하는 것이 가능해진다.

두려움을 통제하는 사람은 포기하지 않는다.

MENTALE **03** ALCHEMIE

누가 두려움의 용을
보냈는가

：당신은 알고 있다. 지금껏 당신이 모든 일을 무탈하게 진행해 왔다는 것을. 그래서 당신은 또 알고 있다. 다음 과제도 잘해낼 것이라는 것을.

지금 당신의 고민거리가 얼마나 심각한 것이든 간에 잠시 멈추고 감사한 마음으로 삶을 돌아보라. 당신은 지금껏 어떤 일들을 해냈는가? 지금 당신은 무엇을 소유하고 있는가? 지금 당신의 소중한 친구들은 무엇을 하고 있을 것인가?

하나하나 천천히 떠올려보라.

미소가 지어지고 기분이 전환될 것이다. 그리고 마지막으로 자신에게 물어보라.

'지난날, 내가 걱정했던 문제들은 어떻게 되었는가?'

걱정했던 일들이 10퍼센트만 일어났더라도 당신의 삶은 지속되지 않았을 것이다. 당신이 걱정하는 드라마틱한 비극들은 오직 당신의 뇌에서만 절정으로 치닫을 뿐이다. 걱정은 당신의 뇌가 만들어낸 작품이다.

이번에는 우려했던 일이 실제로 일어났을 때를 떠올려보라. 그래서 어떻게 되었는가? 그 일에서 큰 데미지를 입었는가? 그런 것처럼 느껴지지만 실제론 그렇지 않았을 것이다. 감당하기 힘든 상처를 입었다면 당신은 지금 이 책을 읽고 있기가 불가능했을 테니까.

수습하느라 몹시 괴롭고 힘겨웠겠지만 또 그만큼 그 경험에서 배운 것도 많았을 것이다. 삶에서 일어나는 일은 결코 '일방적'이지 않다. 최소한 하나를 잃는 동시에 하나를 얻는 것이 인생의 이치다. 현명하고 지혜로운 사람은 하나를 잃을 때 여러 개를 새롭게 얻는다.

우리에게 필요한 것은 '의식적인 멈춤'이다. 의식적으로 한 걸음 물러나서 흐름을 통찰하는 것이다. 무작정 뭉뚱그려서 금방이라도 무너질 듯 걱정하지 말고 하나하나 분해했다가, 하나하나 다시 조립하는 여유와 태도를 갖는 것이다.

나는 수첩에 '멈춰야 할 시간'이란 항목을 마련해놓고 있다.

중요한 의사결정이나 브리핑, 미팅이 있는 날 아침에는 수

첩을 열어 호흡을 가다듬고 생각을 차분히 정리하는 시간을 미리 정해놓는다. 이런 습관을 들이면 중요한 일이 있을 때 방향을 잃지 않게 된다. 팽팽한 긴장감에서 1분만이라도 벗어나 침착해지면, 중요한 것들을 놓치고 후회하는 일이 놀랍게 줄어든다.

어떤 존경받는 투자자가 내게 이런 말을 해준 적 있다.

"주식 투자에서 돈을 벌려면, 주식 투자를 하지 않는 시간을 확보해야 한다."

온통 머릿속에 주식 생각으로 꽉 차 있는 사람은 큰돈을 벌지 못한다. 시장 좌판 앞에서 한 푼이라도 더 비싸게 팔려고, 한 푼이라도 더 싸게 사려고 목이 터져라 외치는 사람은 결국 한두 푼에도 무너지고 만다.

두려움이 찾아왔을 때는, 걱정이 파도처럼 밀려들 것 같을 때는 잠시 멈춰라. 나무보다 숲을 보라. 멈춰 서서, 한 걸음 물러나서 보면 두려움의 용이 아니라 신과 우주가 두려움의 용을 당신에 보낸 이유가 선명하게 떠오를 것이다.

책임을 뛰어넘지 마라

: 우리는 끊임없이 의사결정을
한다. 그리고 끊임없이 그 결정을 후회한다. 더 나은 결정을 할
수 있었다는 자책이 심해지면서 결국 두려움을 만들어낸다.

하지만 이 세상에 잘못된 결정이란 없다. 앞날을 미리 내다
볼 수 있는 능력이 있다면 모르겠지만, 그렇지 않고서야 어떻
게 매번 완벽한 결정을 내릴 수 있겠는가.

그래서 나는 이제 막 스타트업을 시작하는 패기에 찬 젊은
인재들에게 이렇게 조언한다.

"어떤 결정을 내릴 것인지의 기준은 '책임'이다. '이 결정을
내가 책임질 수 있는가?'라는 물음에 '예스'라는 답이 나오면

그것이 곧 당신이 내릴 수 있는 최선의 결정이다. 더 나은, 더 완벽한 결정은 환상이다. 도전은 도박이 아니다. 한계를 뛰어넘는다는 것은 무모한 것에 도전하라는 뜻이 아니다. 한계를 뛰어넘으라는 것은 더 큰 책임을 떠맡는 일에 도전하라는 것이다."

'20대 시절 나는 왜 내 사업에 실패했을까?'

오랫동안 나는 이 질문에 대한 답을 찾기 위해 노력했다. 그리고 서투른 청춘의 실패를 딛고 일어난 후에야 나는 비로소 답을 찾았다.

내가 실패한 것은 내가 너무 실패를 당연하게 생각한 결과였다. 아직 젊으니까. 경험이 없으니까. 종자돈도 그다지 많지 않으니까……

한 마디로 나는 무모했다. 너무 무모해 두려움조차 없었다. 실패해도 내 책임은 아니라는 안일한 생각이 그 시절의 나를 지배했다. 나를 믿어준 사람들, 내게 투자해준 사람들, 젊음이라는 빛나는 시간을 내게 내어준 사람들에 대한 막중한 책임을 져야 한다는 압박과 긴장이 없었다. 내가 넘어져도 모두가 "괜찮아" 하면서 내 머리를 쓰다듬으며 격려해줄 것이라고 생각했다.

하지만 실패는 냉정했다. 모두가 떠난 빈 방에 홀로 남았을 때 비로소 나는 무시무시한 두려움에 사로잡혔다. 응석받이에 불과했고 어리광이나 피우는 어린애였다는 사실 앞에서 뼈가 아팠다.

그러고 나서 큰 교훈을 얻었다. 책임질 수 있는 선택, 감당할 수 있는 결정을 내리는 것이 진정한 도전이요, 모험이라는 것을. 책임을 중시하는 사람이 되면 두려움과 좌절, 후회의 삶을 바꿀 수 있다는 것을.

당신은 아직 앞날이 창창한 20대인가? 그렇다면 가장 먼저 '책임감'을 배워야 한다. 젊다는 것은 특권이 아니다. 젊으니까 실패해도 괜찮다는 논리는 아마추어 세계에서나 통한다는 사실을 명심하라. 젊음을 어리광을 피우는 데 써서는 안 된다. '젊음을 책임질 수 있는 젊음'이 되어야 한다.

지금 당신이 책임질 수 있는 한도 내에서 최대한의 일을 하라.

그러면 두려움, 좌절, 걱정이 아니라 자신감, 용기, 희망이 당신을 선택할 것이다.

책임감이 투철한 당신을 세상이 그냥 놔둘 리 없다.

먹잇감이 되어주지 마라

: 살면서 내가 힘겨울 때마다 떠올리는 문장이 있다.

'지금 이 순간, 내가 바꿀 수 있는 것이 아무것도 없다면, 나는 절대로 걱정하지 않는다.'

그렇다. 나는 과거를 뜯어고칠 수 없다. 단, 과거의 경험에서 배울 수는 있다.

연금술사들은 말한다.

"어떤 경험을 하고 났을 때는 그 경험에 이름을 붙여주어라. 긍정적인 이름이나 제목을 붙여 기억은행 속에 예치해둔다. 그러면 그 경험이 비록 끔찍한 것이었다 할지라도 부정적 감정이 아니라 하나의 교훈이 먼저 소환된다."

나는 파산했던 경험에 '희망의 독설'이란 이름을 붙여주었다. 이 경험을 떠올릴 때마다 가볍고 달콤한 희망의 속삭임이 아니라 내 머리에 찬물을 한 바가지 퍼붓는 차디찬 희망의 쓴소리가 소환되면서 그야말로 정신이 번쩍 든다. 파산한 경험을 상처로만 남겨두었다면, 나는 그것을 떠올릴 때마다 아파하고 후회하고 씁쓸한 감정에 휩싸였을 것이다.

바꿀 수 없는 일을 걱정하는 것은 막대한 에너지 낭비일 뿐이다. 그럼에도 정말 많은 사람들이 과거에 대한 후회와 아쉬움에 사로잡혀 살아간다. '그 일만 없었다면……'에서 '그 일 때문에 내가 성장했지……'로 생각의 프레임을 전환시켜야 한다.

과거에 있었던 좋았던 경험은 어떨까? 분명 좋았던 경험은 현재의 어려움을 이겨낼 힘을 제공한다. 좋았던 경험을 다시 회복하기 위한 노력에 박차를 가하게 한다. 하지만 좋았던 경험을 소환하는 것이 현재의 어려움을 더 가중시킬 수도 있다. 좋았던 시절과 현재의 어려움을 비교하면서 깊은 한숨을 내쉬는 것은 살아가는 데 별 도움이 되지 않는다.

끔찍했던 경험이든, 좋았던 경험이든 모두 과거일 뿐이다. 끔찍했던 경험에서 배우고, 좋았던 경험을 회복하는 것, 그것만이 우리에게 주어진 책무다.

미국의 작가 로버트 버데트Robert Burdette는 이렇게 말했다.

"내게는 아무런 근심과 걱정이 없는 날이 딱 이틀 있다. 그중 하루는 어제이고, 또 다른 하루는 내일이다."

어제는 지나갔고 내일은 아직 오지 않았다. 그러니 어제와 내일을 걱정하고 두려워하는 데 오늘을 써서는 안 된다.

다시 일어설 수 있을지 걱정하지 마라. 넘어진 사람은 반드시 다시 일어선다. 남들보다 뒤처졌다고 초조해하지 마라. 결승선에 누가 먼저 도착할지는 인간이 알 수 있는 영역이 아니다. 매일 쾌조의 컨디션을 유지하며 한 걸음 한 걸음 달려나가면 충분하다. 걱정과 두려움에 붙들려 침대에 누워 달리는 사람을 물끄러미 바라보는 짓만 하지 않으면 된다.

연금술사들은 말한다.

"적당한 두려움은 우리의 삶을 긴박감 넘치게 만든다. 우리를 더 멀리 가게 만드는 연료다."

두려움 때문에 아무것도 하지 않는 삶은 지루하다. 적당한 두려움은 우리의 심장을 뛰게 하고, 일상을 팽팽하게 만드는 긴장감을 불어넣는다. 그러니 두려워하지 말고 두려움을 효과적으로 활용하라. 목표에 도달하는 데 긍정적인 연료로 사용하라.

사용하지 않는 두려움은 우리를 아무것도 하지 못하도록 만든다. 반면에 적극적으로 사용된 두려움은 우리의 잠재력 발휘에 도움을 준다.

나의 코치는 이렇게 말한 바 있다.

"지금 당신이 걱정을 하고 있다는 것은 뭔가 피하고 싶은 게 있다는 뜻이다. 무엇을 피하고 싶어하는 것인지 찾아내라. 그리고 그것을 정면으로 바라보라."

결국 두려움을 이기는 것은 적극적인 행동이다. 고민하고 머뭇거리고 제자리에서 맴도는 것은 두려움에게 좋은 먹잇감이 되고 만다.

종교개혁가 마르틴 루터Martin Luther는 이렇게 말했다.

"새가 내 머리 위를 날아가는 것은 막을 수 없다. 하지만 새가 내 머리 위에 둥지를 틀지 않게는 할 수 있다."

우리의 목표는 두려움을 완벽하게 통제하는 것이 아니다. 두려움에게 통제만 당하지 않으면 충분하다.

두려움을 다루는 최선의 방책은 적극적인 행동이다.

아는 것에서
힘을 얻어라

: 두려움이나 걱정은 전기 스위
치처럼 간단하게 껐다 켰다를 할 수 없다. 도대체 두려움이란
무엇인가?

두려움이란 뭔가가 자신이 원하지 않는 형태로 진행되는
상상이다. 문제는 우리가 이 상상을 완전하게 밀어내기가 불
가능하다는 것이다. 인간의 잠재의식은 뭔가를 밀어내면, 그
것과 동일한 힘을 가진 뭔가가 더 강하게 밀고 들어온다. 잠을
자고 싶은데도 잠이 들지 못하면 그것 때문에 화가 나고, 화를
내고 나면 더욱 잠이 오지 않는다는 것을 누구나 한 번쯤 경
험한 적이 있을 것이다.

인간의 잠재의식은 언제나 한 번에 한 장면만 불러낼 수 있도록 작동한다. 다시 말해 긍정적인 생각을 하면 부정적 생각이 비집고 들어올 자리가 없다. 모든 행동이 그렇다. 무엇인가를 집중적으로 행하고 주의를 기울이면 두려움이 끼어들 자리가 생겨나지 않는다.

물론 우리의 뇌가 갈팡질팡할 수는 있다. 집중력을 발휘해 일을 해나가면서도 자꾸만 뭔가를 염려하는 행위를 되풀이할 수는 있다는 뜻이다. 하지만 계속해서 집중력을 발휘할 수 있으면 우리는 더 오랫동안 업무에 '몰두'하게 되고 그만큼 걱정이나 두려움에 붙들릴 시간은 적어진다.

다음의 이야기는 이를 생생하게 설명해준다.

한 아이가 숲속을 산책하다가 너른 빈터에 서 있는 집 한 채를 발견했다. 집의 양쪽에는 각각 커다란 정원이 딸려 있었다. 그런데 두 정원의 모습이 매우 달랐다.

한쪽 정원은 손질이 되어 있지 않아 잡초가 무성했다. 그리고 정원사로 보이는 사람이 뭔가 작업을 하고 있었는데, 매우 화가 나 있는 듯 보였다. 그는 잡초를 뽑으면서 연신 욕을 퍼붓고 있었다.

또 다른 정원은 조화롭게 보였다. 사방에 꽃이 피어 있었고, 모든 것이 자연스럽고 보기 좋았다. 이 정원의 정원사는 나무에 기대어 즐겁게 휘파람을 불고 있었다. 그는 뭔가 일을 쉽게 해내는 것처럼 보였다.

아이는 느긋하고 행복해보이는 정원사에게 가 물었다.

"아저씨는 저쪽 정원에서 일하는 아저씨보다 무척 한가해 보이는데, 어떻게 이렇게 정원을 잘 관리하실 수 있으셨는지요?"

정원사가 빙그레 미소를 지었다.

"한때는 나도 저 친구처럼 잡초가 보일 때마다 열심히 뽑아냈지. 정말 눈코 뜰 새 없이 바빴단다. 하지만 어느 날 문득 내가 잡초를 이길 수 없다는 사실을 깨닫게 되었지. 잡초의 뿌리들은 늘 땅속에 남아 있었고, 잡초를 뽑아낼 때마다 씨앗들이 바닥에 떨어져 흩어졌거든. 결국 잡초는 자꾸만 자라났지. 정원 한쪽 끝까지 잡초를 모두 제거하고 나면 다른 쪽에 다시 잡초가 무성하게 자라 있었단다."

아이는 정원사의 이야기에 귀 기울였다.

"그래서 나는 새로운 전략을 생각해냈단다. 잡초보다 더 빨리 자라는 꽃과 식물들을 찾아낸 거지. 이 식물들은 얼마 후 잡초를 깔끔하게 밀어냈지. 잡초들이 완벽하게 없어진 건 아니지만, 큰 힘을 들이지 않고도 정원을 깨끗하게 관리할 수 있을 정도의 양으로 줄어들었단다."

어느새 날이 어둑어둑해졌다. 아이는 정원사를 따라 그의 가족이 사는 집으로 갔다. 모두가 즐겁게 떠들며 식사를 하고 있을 때 정원사가 갑자기 전등을 껐다. 일순간 방안이 칠흑같이 캄캄해졌다. 어둠 속에서 정원사의 고요한 목소리가 들려왔다.

"얘들아, 이 캄캄한 어둠을 잡초처럼 뽑아내는 게 가능할까?"

잠시 후 불을 다시 켠 정원사가 평화로운 얼굴로 말을 이었다.

"어둠을 이기는 유일한 방법은, 빛으로 어둠을 채우는 거란다. 어둠을 파내려고 애를 쓰거나, 어둠과 맞서 싸우려고 하는 것은 모두 소용없는 일이라는 것을 우리 모두가 잘 알고 있잖니."

두려움을 물리치는 가장 효과적인 방법은 '감사하는 것'이다. 미래가 너무 걱정되고, 내가 모든 것을 잘해낼지, 모든 일이 잘 풀릴지 불안하다면 다음과 같은 간단한 연습을 해보라.

지금 당신이 감사해야 할 것 5가지를 종이에 적어보라. 미래를 알 수 없을 때는 현재에 감사하는 것이 답이다. 무엇에 감사해야 하는지는 당신 자신이 뚜렷이 알고 있는 것이기 때문이다.

연금술사들은 말한다.

"모르는 것투성이일 때는 아는 것에서 힘과 위로를 얻어라."

나는 이 말에 깊이 동의한다. 이 말을 당신이 평생 마음에 품고 다니기를 강력하게 제안한다. 어둠을 빛으로 채우듯, 아는 것으로 모르는 것을 덮어버릴 수 있다. 감사하는 것으로 두려운 걱정을 덮어버릴 수 있다.

이튿날 아침 정원사 가족의 배웅을 받으며 길을 떠난 아이는 이윽고 또 다른 집에 도착했다. 그 집에 딸린 정원 또한 이름 모를 잡풀들로 무성했다. 아이가 잡풀들 사이에서 뭔가 열심히 메모하고 있는 남자에게 다가갔다.

"안녕하세요, 이 집의 주인이신가요?"

남자가 아이를 보며 미소를 지었다.

"그렇단다, 꼬마야."

"정원에 이름 모를 풀들이 가득하네요. 지금 무슨 일을 하고 계신 거에요?"

"나는 의사란다. 내 정원에서 자라는 잡초와 독초들로 약을 만든단다."

독성을 지닌 당신의 상황을 토대로 처방전을 만들어보라. 당신의 상황을 통해 치유와 자극을 받아라. 더 쉬운 상황이 주어지길 소망하지 말고, 더 많은 능력을 갖추기를 소망하라. 크고 작은 문제들이 사라지길 기도하지 말고, 문제에 대처할 능력을 기를 수 있기를 기도하라.

압박감은 당신에게 독이 될 수도, 약이 될 수도 있다. 결정은 당신이 한다. 압박감은 우울증으로 확장되기도 하고, 더 적극적이고 창의적인 행동을 이끌어낼 수도 있다.

연금술사들은 말한다.

"성공은 누구나 관리할 수 있다. 하지만 실패를 관리할 줄 아는 사람은 아주 소수다. 참된 성공은 그 소수의 몫이다."

신바람 나는 일은 누구나 할 수 있다. 지루한 일을 신바람 나게 할 수 있어야 승자가 된다. 모두가 두려워하는 일을 두렵지 않게 하는 사람이 최후의 승자가 된다.

누적 효과를 만끽하라

: 미국에서 실제 있었던 일이다.

한 70대 할머니가 뉴욕에서 마이애미까지 약 2,000킬로미터를 걷는 데 성공했다. 기자들이 몰려와 할머니에게 물었다.

"어떻게 이런 굉장한 일을 해낼 수 있으셨나요?"

할머니가 답했다.

"나는 항상 한 걸음씩 걸었다오. 별로 어렵지 않았지. 한 걸음 걸은 다음 다시 한 걸음 걸었고, 다시 한 걸음 걸었을 뿐이라오. 그런데 왜들 이렇게 호들갑인지?"

이것이 삶의 유일한 비법이다. 유일한 기적이다. 유일한 매직이다.

앞으로 3년, 5년, 7년, 10년의 계획을 머릿속에 떠올리면 두렵지 않을 사람은 아무도 없다. 10년의 계획을 모두 달성하려면 오늘부터 하루, 하루, 하루…… 차근차근 성공해나가야 한다. 그래서 연금술사들은 최대한 작은 계획을 정교하게 실행에 옮기는 데 성공할 것을 조언한다. 작은 성공이 모여 큰 성공이 된다. 성공하는 하루하루가 모여 성공하는 5년이 되고 성공하는 인생이 된다.

세계적인 작가이자 동기부여 전문가인 토니 로빈스Tony Robbins는 이렇게 말했다.

"두려워서 시도하지 않는 것이 아니라, 시도하지 않아서 두려움이 생기는 것이다."

실행력이 뛰어난 사람은 빛처럼 빠른 속도로 일을 처리하는 사람이 아니다. 내가 지금껏 만나본 엄청난 실행력을 가진 사람들은 대부분 시간을 들여 빈틈없이 일하는 사람들이었다. 그들은 오늘의 할 일에 집중하는 사람들일 뿐, 거창한 계획을 천재적인 감각으로 이루어나가는 사람들과는 거리가 멀었다.

연금술사들은 말한다.

"이 세상 모든 성공한 사람도 별 수 없다. 날마다 악전고투하며 겨우겨우 한 걸음씩 앞으로 나가는 것 말고 딱히 다른 전략은 없다."

우리는 슈퍼맨은 될 수 없어도 수천 킬로미터를 한 걸음씩 걸어 마이애미에 도착한 할머니는 얼마든지 될 수 있다. 우리에게 필요한 것은 초능력이 아니다. 하루치의 삶에 온전히 집중할 수 있는 긍정의 힘이다.

나는 내 강연에 참석한 청중들에게 하루의 과제를 '하나의 배낭'으로 상상해볼 것을 주문한다.

이 배낭은 무겁다. 걸림돌이 많은 가파른 길을 가야 할 때는 배낭을 온전히 짊어지고 있기가 쉽지 않다. 하지만 그럭저럭 버틸 만하다. 너무 힘들면 배낭을 내려놓고 숨을 돌리며 땀을 닦을 수도 있다. 그런 휴식을 통해 다시 채운 에너지로 배낭을 짊어지고 하루의 여정을 무사하게 마칠 수 있다.

그런데 충분한 휴식을 취하는 대신 아직 오지 않은 내일을 염려하며 걱정을 키운다고 해보자. 이는 오늘의 배낭 위에 '내일의 배낭'까지 하나 더 짊어진 꼴이다. 이렇게 내일, 모레, 일주일, 열흘, 한 달 치의 배낭을 오늘의 배낭 위에 추가로 얹으면 이를 버텨낼 사람이 있을까? 모두가 길바닥에 주저앉고 말 것이다.

매일 하나의 배낭만 짊어지면 된다. 매일의 목적지에만 잘 도착하면 된다. 그러면 한 걸음씩 걷는 것에 성공한 할머니의 놀라운 성과를 당신의 것으로 만들 수 있다.

오늘의 배낭만을 짊어지고 싶다면 아침에 눈을 떴을 때 스스로에게 이렇게 물어야 한다.

'오늘 꼭 해야 할 과제 한 가지는 무엇인가?'

가장 중요한 한 가지 일을 해결하고 나면 다른 일들의 결과가 부진했다 하더라도 저녁 때 반드시 기분 좋게 돌아오게 될 것이다. 매일 이 질문을 자신에게 던져보라. 배낭을 짊어지는 것이 더 쉬워지고 기분 좋은 날들이 그렇지 않은 날보다 압도적으로 많아질 것이다.

연금술사들은 말한다.

"누적 효과compound effect라는 것이 있다. 작은 노력과 성공이 오랜 시간 쌓이면 엄청난 힘을 발휘한다는 것이다. 세상에서 가장 어려운 일은 매일 첫걸음을 떼는 것이다. 한 걸음을 떼고 나면 다음 걸음부터는 가벼워지고 빨라진다."

성공은 머릿속에 존재하지 않는다. 성공은 한 걸음과 한 걸음 사이에 존재한다. 우주는 우리에게 슈퍼맨의 근육과 심장을 주지 않았다. 오직 하루의 과제를 해낼 수 있는 만큼의 힘을 주었을 뿐이다. 주어진 힘으로 강철 같은 근육과 탄탄한 심장을 만들어내는 것은 오롯이 우리의 몫이다.

다행인 것은 우리 모두에게 누적 효과를 만끽할 수 있는 '가능성'이 공평하게 주어졌다는 것이다. 두려움이 그것을 봉인하지 않는 한 언제나 '가능성'이 당신 삶에 빛과 소금이 되어 줄 것이다.

아침에 일기를 써라

: 일기의 비밀은 매우 간단하다. 일기는 우리를 삶 속에서 특정한 사건들에 좀 더 주의를 기울이도록 안내한다. 그렇다. 우리는 특정한 사건을 기록함으로써 그 사건들을 더 오랫동안 간직한다.

1장에서 살펴보았듯 우리는 성공 일기도 써야 하고 최악의 경험담도 기록해야 한다. 최악의 경험담은 바닥을 치고 올라갈 힘을 주고 성공 일기는 긍정과 희망의 에너지를 우리 삶에 불어넣는다.

그리고 하나 더, 나는 아침 일기의 작성을 사람들에게 권유한다.

어떤 일의 결과를 기록하는 것도 중요하지만 어떤 일의 시작을 열어주는 기록도 중요하다. 즉 아침 일기는 '오늘 무엇을 할 것인가?'를 정리하는 데 탁월한 효과를 준다. 앞에서 언급한 '오늘 꼭 해야 할 과제 한 가지는 무엇인가?'를 머릿속으로 시뮬레이션하는 데 톡톡한 도움을 제공한다.

나는 오랜 시간 동안 아침 일기를 써왔다. 내 아침 일기장에는 다음의 질문들이 담겨 있다.

"나는 오늘 출근하면 직장에서 어떤 점이 가장 행복하겠는가?"

"오늘 내게 가장 큰 동기부여를 해주는 것은 무엇인가?"

"오늘 무엇에 가장 감사해야 하겠는가?"

"오늘 내게 직언과 조언을 해줄 사람들은 누구인가?"

"오늘 내 컨디션으로 볼 때 가장 잘해낼 것 같은 일은 무엇인가?"

"오늘 내가 꼭 알아야 할 것은 무엇인가?"

"오늘 두려움과 긴장을 유쾌하게 다뤄줄 필살기는 무엇인가?"

연금술사들은 말한다.

"긍정적인 사람은 타고난 성격 때문이 아니다. 우리가 긍정적인 사람이 될 것인지, 부정적인 사람이 될 것인지는 오직 훈련과 습관에 달려 있다."

아침 일기는 길게 쓸 필요도 없고, 질문들에 대한 답이 어제와 꼭 다를 필요도 없다. 그저 질문에 가볍게 답해가다 보면, 질문의 답처럼 생각하고 실행할 수 있는 컨디션이 만들어진다. 우리의 뇌가 만들어내는 신비가 바로 여기에 있다. 뭔가 체계적인 생각이 머릿속에 형성되면, 그것을 실행할 몸이 저절로 만들어진다. 믿기지 않는다면 한 달만 아침 일기를 써보라. 내 말이 거짓이 아니라는 사실을 분명하게 알게 될 것이다.

아침 일기는 실행에 초점을 맞추도록 우리를 유도한다. 매일 아침 실행에 초점을 맞추는 사람은 긍정적인 사람이 될 확률이 매우 높다. 부정적인 생각들은 늘 망설임과 지나친 고민들을 파고드는 법이니까 말이다.

일기는 두려움의 용을 쓰러뜨리거나 길들이는 데 유용하다. 두려움의 존재감을 축소시키는 역할을 한다. 나아가 '실행의 즐거움'에 눈을 뜨게 한다.

실행의 즐거움을 아는 자만이 성공과 목표를 얻는다는 것은 동서고금을 막론한 진리다.

무엇을 하든, 되게 하라

°긍정적 측면보다 부정적 측면을 습관적으로 파고드는 사람들이 있다. 그들은 늘 이렇게 자신에게 말한다.

'공부 잘하는 애들도 못 푸는 문제를 내가 어떻게?'

'이 나이에 외국어 공부가 가당키나 한가?'

'승진? 모난 돌이 정 맞는 법. 그냥 지금처럼 길고 가늘게 가는 게 좋지.'

'주식 투자? 웃기고들 있네. 주식시장이 동네 슈퍼마켓인 줄 아나보네. 그냥 현금 들고 있는 게 최고야. 잃지 않는 게 버

는 거야.'

  습관적으로 부정적인 입장을 취하는 사람들은 믿는다. 자신들이 세상을 있는 그대로 보는 리얼리스트라고. 낭만적이고 감상적인 철부지들이 아닌 이성적인 합리주의자라고.

  이는 위험한 생각이다. 긍정적인 것과 부정적인 것이 항상 뒤섞여 공존해 있는 상태, 이것이 곧 '세상'이다.

  연금술사들은 말한다.

  "세상을 냉철하게 보는 건 중요하다. 하지만 우리를 크게 성장시키는 것은 현실에 대한 정확한 인식이 아니라 자기 자신에 대한 믿음이다. 우리 자신을 바꾸는 것은 인식이 아니라 믿음이다."

  냉철한 이성적 판단은 성공의 필요조건이다. 하지만 필요충분조건이 되어주지는 못한다. 냉철한 이성적 판단 위에 자기 자신에 대한 강건한 믿음이 서 있을 때 우리는 현실 인식을 넘어 현실 변화를 가능하게 만들 수 있다. 우리의 목표는 현실에 적응하는 데 그치지 않는다. 언제나 우리의 목표는 현실을 바꾸는 데 존재한다.

  유럽을 정복한 나폴레옹이 청년 장교 시절, 상관의 막사에 호출을 받았다.

상관이 말했다.

"나폴레옹, 자네는 옆에서 보기 힘들 정도로 느긋하고 태연하군. 대체 자네는 무슨 근거로 이 끔찍한 전쟁 상황에서 그처럼 낙천적인 태도를 고집하는가?"

나폴레옹이 막사 밖의 구름으로 뒤덮인 하늘을 가리키며 물었다.

"장군님, 무엇이 보이십니까?"

상관이 답했다.

"먹구름이 보이지, 뭐가 보이겠나?"

나폴레옹이 말했다.

"바로 이것이 저와 장군님의 차이입니다. 제 눈에는 항상 저를 비추어 주는 별이 보입니다. 수많은 먹구름도 그 별을 숨기지 못합니다."

긍정적인 믿음의 체계는 하루아침에 만들어지지 않는다. 부정적인 프레임에서 어느 날 갑자기 긍정적 프레임으로 전환되지 않는다. 많은 사람들의 착각이 여기에 있다. 긍정주의자가 되는 것을 매우 쉽게 생각한다. 하지만 나폴레옹의 별을 가지려면 강력한 연습과 훈련이 요구된다.

장담하건대 낙천적이고 명랑하고 행복한 사람들과 몇 시간만 함께 어울려보라. 그러고 나면 당신은 분명 '나도 조금이라도 이 사람들처럼 행복해지고 싶다'라고 말하게 될 것이다. 이 같은 자극을 계속 얻으면 엄청난 강도의 훈련을 소화하면서 긍정적인 습관과 강고한 믿음의 체계 습득으로 나아갈 수 있게 된다.

연금술사들은 말한다.

"긍정론자도, 비관론자도 처음부터 타고나는 사람은 극히 드물다. 긍정과 비관은 후천적 환경과 경험의 산물이다. 노력과 훈련에 따라 얼마든지 바꿀 수 있다는 뜻이다. 긍정론자의 멘탈이 부정론자의 멘탈보다 변화, 성장, 목표 달성에 있어 압도적으로 유리하다. 긍정주의자들은 안 될 이유보다 될 이유를 찾는다."

안 될 이유를 습관적으로 찾는 사람은 계속 안 될 이유만을 발견할 뿐이다. 그 안 될 이유가 적중했다고 치자. 그래서 하던 일을 포기하거나 그르쳤다고 해보자. 그래서 뭐가 달라지는가? 예상이 적중했으니 기뻐해야 하는가? 비관론자에게 성공이란 대체 어떤 의미인가?

무엇을 하든, 되게끔 하라.

우상향하는
인간이 되어라

: 1장에서 살펴보았듯이 '최악의 과거 경험'을 소환하는 것은 지금의 어려움을 극복할 힘을 제공한다. 나아가 앞으로 닥쳐올 시련과 두려움에 맞서고 싶다면 최악의 상황을 미리 그려보는 것도 효과적이다.

어떤 일을 할 때 미리 최악의 시나리오를 써보라.

'직장에서 해고당하는가?'

'직원들에게 월급을 주지 못하는가?'

'완전한 무일푼이 되는가?'

'가족들이 길거리로 나 앉는가?'

'다시는 동종업계에 발을 들이지 못하는가?'

이 질문들에 답을 작성하다 보면 최악의 시나리오가 완성될 것이다. 그 시나리오를 감당할 만하다는 판단이 서면, '도전해야 한다.' 최악이 와도 당신의 인생은 계속될 수 있으니까.

최악의 시나리오 작성의 가장 큰 효용은 뜻밖에도 마음이 편해지고 침착해진다는 것이다. 바로 그때 우리는 '용기'를 만나게 된다. 최악의 시나리오를 피하기 위한 강력한 실행력이 생겨난다.

연금술사들은 말한다.

"사람들은 대부분 최악의 상황을 맞으면 완전히 무너질 것이라고 생각한다. 하지만 인간은 최악의 상황으로 떨어졌을 때 본능적으로 더 힘을 낸다. 무엇보다 인간은 정말 최악의 상황까지 가는 경우가 거의 없다. 아주 조금 상처받고 돈을 잃고 실패했을 뿐인데도 인간은 이미 최악에까지 마음이 달려가 있다."

그렇다. 조금만 무너져도 이미 마음은 최악으로 치닫는다. 두려움 때문이다. 최악의 시나리오를 작성해 미리 체험하면, 두려움에게 속도를 내주지 않고 자신의 페이스를 유지하는 데 도움을 얻을 수 있다.

당신은 당신의 생각보다 강한 존재다. 지금껏 살아온 것이

기적이다. 주식시장이 숱한 상승과 하락을 반복하면서 꾸준하게 우상향하듯이, 인간의 삶 또한 우상향한다.

최악의 시나리오뿐 아니라 항상 안 될 것에 대비한 시나리오를 미리 그려보면 일희일비에서 자유로워질 수 있다.

인생의 목표는 종착역에 가장 빨리 도착하는 것이 아니다. 우리는 늘 출발선에 있고, 늘 가고 있는 도중에 있다.

우리의 목표는 꾸준히 우상향하는 인간이 되는 것이다.

공포를 이긴 자가 주식 투자에 성공하듯이, 두려움을 극복한 자가 인생에 성공한다.

벽에 부딪혔다는 것의 의미

: 살다 보면 벽에 부딪혔다는 느낌이 들 때가 있다. 뭔가에 단단하게 가로막혀 앞으로 나가지 못하고 있다는 두려움이 엄습해온다. 하지만 벽에 부딪혔다는 것은 뭔가에 실패하고 있다는 뜻이 아니다. 뭔가 성공하려면 반드시 통과해야 하는 중요한 고비를 맞고 있다는 의미다.

따라서 우리는 벽에 부딪힐 때마다 가장 먼저 '고맙다'라고 말해야 한다. 성공의 기회가 주어지고 있기 때문이다. 어떤 일을 하거나 도전을 하고 있는데, 벽이 나타나지 않았다고 해보자. 이는 아주 가벼운 아령으로 근육 운동을 하고 있는 것이나 마찬가지인 것이다.

벽에 부딪혔을 때는 좀 더 무거운 아령을 준비해야 한다. 익숙하고 편안해진 영역을 지나 당신의 통제 영역을 확장해야 할 시기다. 벽에 부딪히지 않았더라면 관심을 두지 않았을 새로운 해법들을 찾아 나서야 한다.

우리는 벽에 부딪히고, 그 벽을 통과하면서 성장한다. 매일 뒷산만 오르는 자는 히말라야에 오를 수 있을 만큼 성장하지 못한다. 문제는 거기에서 그치지 않는다. 뒷산과 히말라야 사이만큼이나 격차가 벌어진 인생에 계속 스트레스를 받으며 짜증이나 내다가 생의 마지막 날을 맞고 말 것이다.

히말라야 등정이 꿈인 사람들은 수천 시간 동안 암벽을 오르는 연습을 한다. 수천 시간의 암벽 타기 연습이 없으면 히말라야는 글자 그대로 그림의 떡일 뿐이다. 혹자는 이렇게 반문한다.

"그거야 그 사람들이 산에 가는 걸 너무나 좋아하니까, 그 혹독한 연습을 기꺼이 하는 것이겠죠!"

틀린 말은 아니다. 하지만 다음의 사실은 놓쳤다.

즉 산을 좋아하는 사람들 모두가 히말라야 등정을 목표로 하지는 않는다는 것이다. 산에 오르는 것을 좋아하다 보니 계속 더 높은 산을 찾게 되었고, 그러다가 마침내 세계의 지붕까지 올라가보겠노라 자신의 열정과 노력을 점점 확장시켜 나간 사람들이 있을 것이다. 반면에 산을 좋아하지만 그저 뒷산을 오르는 것에 충분히 만족하는 사람들도 존재할 것이다.

전자는 성공하는 사람들의 전형적인 패턴이다. 어느 순간 자신이 원하는 것이 무엇인지 알게 되었고, 이를 최고의 수준까지 끌어올리려고 노력하는 사람들이다. 후자는 평범한 사람들의 전형적인 패턴이다. '자신이 감당할 수 있는 수준' 내에서 원하는 것을 얻기 위해 살아간다.

전자의 삶도, 후자의 삶도 모두 의미가 있다. 그런데 또 한 부류의 사람들이 있다. 그들은 후자의 삶을 살면서 전자의 삶을 동경한다. 벽을 오르지 않고 쳐다만 보는 사람에게, 벽은 두려움과 압박, 분노, 짜증의 대상일 뿐이다. 이 책을 읽는 당신도 이런 삶을 살고 있는 것은 아닌가?

연금술사들은 말한다.

"원하는 것을 얻으려면 그냥 원해서는 안 된다. 간절하게 원해야 한다. 통렬하게 원해야 한다. 숨이 막힐 정도로 원해야 한다. 목숨을 걸고 원해야 한다. 그렇지 않으면 삶은 취미의 수준으로 전락한다."

벽을 오르는 사람은 히말라야 정상에 서게 될 것이다. 벽 안에 있는 것이 안락한 사람은 벽에 의지해 지금껏 살아온 대로 앞으로 살아갈 것이다. 벽을 향해 고래고래 불평불만을 쏟아내는 사람은 평생 불평불만 속에서 살아갈 것이다.

벽에 부딪히는 느낌이 들 때 당신은 어떤 삶을 선택하겠는가?

흐르는 강물에게 배워라

∶흐르는 강물을 자세히 들여다
본 적 있는가? 푸르게 일렁이는 바다를 오랫동안 바라본 적
있는가? 그렇다면 이미 알고 있을 것이다. 이 세상에 물의 흐
름을 막을 수 있는 건 없다는 것을. 물의 길은 그 무엇도 막을
수 없다. 그래서 물은 한 방울의 샘물에서 시작해 망망대해로
나아가는 데 실패하지 않는다.

제아무리 단단한 바위도 물의 길을 통제하지 못한다. 제아
무리 큰 섬도 물길을 바꿔놓지 못한다. 그래서 물은 언제나 확
신에 차 있다. 확신에 차 있어 애써 강한 척하지 않아도 된다.
부드럽고 여유 있게 언제나 자신의 길을 가고 있다. 마치 성공

하는 사람이 언제나 자신의 일을 하고 있는 것처럼.

진짜 강한 사람은 항상 부드럽다. 목소리를 애써 높이지 않는다. 타인의 말을 경청한다. 자신을 애써 드러내려 하지 않는다. 무엇보다 적절한 '타이밍timing'을 갖고 있다.

화를 내야 할 때를 알고 미소를 지을 때를 안다. 조언을 주어야 할 때를 알고 침묵해야 할 때를 안다. 타인을 껴안아야 할 때를 알고 타인과 결별해야 할 때를 안다. 자신에게 위로가 필요한 때를 알고 자신을 밀어붙여야 할 때를 안다.

어떻게 이것이 가능할까?

연금술사들은 말한다.

"진짜로 강한 사람이 왜 부드러운 줄 아는가? 유연하기 때문이다. 다시 말해 자신이 틀릴 수 있다는 것을 온전하게 받아들이기 때문이다."

매우 심오한 성찰이다. 우리가 변화와 성장에 어려움을 겪는 가장 큰 이유는 우리 자신을 바꾸기 어렵기 때문이다. 인간은 본능적으로 자신의 입장을 고수한다. 자신이 틀렸음을 인정하는 것은 곧 패배와 같다. 그래서 우리는 언제나 진짜 강해지기보다는 강한 척하는 데 더 익숙하다. 내가 틀릴 수 있다는 사실을 인정하면 타인을 받아들일 수 있는 여유가 생긴다. 타인을 온전하게 받아들이는 사람만큼 강한 사람은 없다.

물은 바위를 뚫지 못하지만, 바위 때문에 자신의 길을 방해

받지 않는다. 바위를 뚫지 못한다는 사실을 받아들여 부드럽게 우회할 줄 알기 때문이다.

자신의 한계를 인정하는 사람, 자신이 틀릴 수 있다는 것을 받아들이는 사람에게서 우리는 매력을 느낀다. 흐르는 강 안에 수많은 물고기들이 살아가고 있듯이 그런 사람이 가는 길에는 많은 사람들이 북적인다.

강력하게 빛나는 카리스마를 원하는가?

흐르는 강물에게 배워라.

뛰어들어라

: 미국의 대통령을 지낸 시어도어 루스벨트Theodore Roosevelt는 이렇게 말했다.

"삶은 단 한 번뿐이다. 주어진 시간을 안정되고 편안하게만 보내지 마라. 어떤 일의 결과에 너무 집착하지 마라. 올바른 일을 행하고 완수하는 것이야말로 가장 가치 있는 일이다."

뭔가 불가능해보일 때 우리는 즉시 포기하려는 경향을 나타낸다. 그런데 곰곰이 생각해보면 이 '불가능한 일'이 뜻밖에도 어렵지 않을 수 있다. 불가능한 일에 다가가는 사람에게는 경쟁자가 없는 것이나 다름없기 때문이다. 당신에게 기쁜 소식을 하나 전하자면, 대부분의 사람들은 매우 일찍 포기해버린다는 것이다.

세 마리의 개구리가 있었다.

개구리들은 생크림이 담긴 통 속을 정신없이 돌아다녔다. 배가 불룩해질 때까지 생크림을 잔뜩 먹고 난 개구리들은 통 밖으로 나가려고 애써보았지만 아무 소용이 없었다. 통이 생각보다 깊어 빠져나가기에는 역부족이었다.

다른 개구리들이 몰려와 통 주변에 빙 둘러앉아 세 마리의 개구리를 비웃었다. 세 마리의 운명은 결정된 것처럼 보였다. 마침내 개구리 두 마리는 통 밖 개구리들의 예언대로 포기를 한 채 크림 속에 빠져 숨을 거두었다.

세 번째 개구리는 포기하지 않고 계속 열심히 허우적거렸다. 온몸의 기운이 다 빠져나갈 때까지 최선을 다해 허우적거렸다. 그러고는 드디어 성공을 거뒀다. 끊임없이 발버둥을 친 바람에 생크림이 딱딱한 버터로 변했고, 이를 딛고 통 밖으로 빠져나올 수 있었던 것이다.

나는 강연을 할 때 종종 이 이야기를 소개한다. 그러면 청중은 다양한 반응을 보인다. 흥미를 느끼는 사람도 있고 이마를 찌푸리며 '현실의 삶은 이와는 달라'라고 말하는 사람도 있다. '긍정적인 생각이 우리를 구원한다는 메시지는 동화에서나 가능한 일이지'라고 코웃음을 치는 사람도 있다.

과연 그럴까?

당신의 삶을 한 번 들여다보라. 이 이야기와 다를 게 뭐가 있는가? 대가를 치르지 않으면 당신은 아무것도 얻을 수 없다. 당신이 치러야 할 대가는 '포기하지 않는 인내심'이다. 어떤 상황에서도 중단하지 않는 것이다.

성공하는 사람들은 거의 모두가 이렇게 말한다.

"정말 힘들어서 이제 더 할 수 없다는 생각이 들 때마다 신기하게도 어딘가에서 아주 희미한 빛이 다가오더군요."

우리가 두려움에 사로잡히는 건 눈을 감기 때문이다. 빛과 출구, 해결책을 발견하려면 필사적으로 눈을 뜨고 있어야 한다. 눈을 뜨고 있으면 미처 보지 못한 것들, 무심코 놓친 것들이 보이기 시작하고, 그곳에서 빛이 흘러나온다. 나폴레옹의 별을 기억하는가? 어떤 먹구름도 별이라는 빛나는 존재를 숨기지 못한다.

나는 지치고 힘겨울 때 어린아이들이 뛰노는 놀이터를 찾곤 한다. 아무런 생각 없이 오로지 노는 것에만 집중하는 아이들에게서 위안과 힘을 얻는다. 어떤 이해타산도 개입되지 않은 저 순진한 몰입과 집중을 보고 있노라면 다시 회복할 수 있는 용기를 얻는다.

손익을 따지고, 앞뒤를 재고, 가장 완벽한 타이밍을 노리는 데 인생을 쓰고 있지는 않은가? 이것이 곧 당신이 두려움에 사로잡히는 이유다.

언젠가 독일 언론의 한 기자가 취재를 요청하며 메일을 보내온 적이 있다.

"보도 섀퍼 씨, 이제 막 사회 생활을 시작하는 20대에게 해주고 싶은 단 한 마디의 말이 있다면요?"

나는 즉시 답신을 보냈다.

"뛰어들어라, 그러면 온 우주가 당신에게 헤엄치는 법을 가르칠 것이다."

당신이 찾고 있는 것도,
당신을 찾고 있다

ː글로벌 금융위기가 한창이던 2008년, 나는 한 고객으로부터 이 위기가 어떤 미래를 가져올지 예측하는 책 한 권을 선물 받았다. 결론은 간명했다. 폭도들이 거리를 누비고 주택가를 약탈할 것이었다. 국가의 법질서 체계가 무너지고 식료품 구하기가 불가능해질 터였다.

위기가 닥칠 때마다 이런 몰락에 관한 예언서들이 어김없이 등장한다. 시간이 흐른 후 다시 들춰보면 웃음밖에 나오지 않는 책들이 공포의 순간에는 많은 사람의 머릿속을 사로잡는다.

당시 나는 아무 생각 없이 비서에게 책을 건네주고는 이렇게 말했다.

"유용한 내용이 있는지 한번 검토해봐주세요."

며칠 후 비서는 무척 진지한 얼굴로 앞으로 닥쳐올 몇 년의 위기에 대비해 비축해두어야 할 생필품 리스트를 뽑아 왔다. 다양한 종류의 캔 수프, 대용량 밀가루와 쌀⋯⋯ 활과 화살 같은 무기까지 목록에 포함되어 있었다.

비서가 내게 리스트를 보여주는 동안 나는 그를 유심히 살펴보았다. 긴장감이 뚜렷한 그의 얼굴은 행복해보이지 않았다. 유감스럽게도 그에게 두려움과 걱정을 제공한 사람은 바로 나였다. 그의 두려움을 누그러뜨리기 위해 나는 몇 시간 동안 그와 이야기를 나눠야 했다.

나는 그에게 다음과 같은 조언을 주었다.

"성공한 사람들의 말에만 귀 기울이세요."

우리는 공포를 앞세운 목소리에 민감하게 반응한다. 그러지 않으면 모두가 공포에 대비하는데, 나만 혼자 천하태평인 것처럼 느껴진다. 그 순간 심장이 뛰고 머릿속이 아득해진다. 누군가 격발 스위치를 조금만 당겨도 총알처럼 튀어나가, 공포의 전도사가 되어 거리를 누빈다. 식료품 매장의 진열대가 싹쓸이 당하고 듣도 보도 못한 생존 무기들이 담긴 '재난 배낭'이 불타나게 팔린다. 종말론자들이 득세하고 비관론자들의 확성기가 열변을 뿜어낸다.

그러다가 일순간 거리에 출몰하던 공포가 싹 사라진다. 일상이 회복되고 언제 그랬냐는 듯이 사람들은 출근해 일하고 퇴근해 돌아와 가족들과 저녁식사를 하며 더 나은 미래에 대해 이야기꽃을 피운다.

연금술사들은 말한다.

"공포가 창궐할 때는 실패한 사람들이 거리에서 메가폰을 잡고 목소리를 높인다. '그것 봐, 내 말이 맞잖아. 희망 따위를 믿다니, 당신도 나처럼 실패할 거야!' 아무도 조언을 구하지 않는데, 자신의 말을 들으라고 강요하는 사람은 모두 실패한 사람이다. 진짜 성공한 사람들은 자신에게 조언을 구하는 사람에게만 조언한다."

타인의 계획에 대한 반응에서도 성공한 사람과 실패한 사람 사이에 큰 차이가 있다. 성공하지 못한 사람은 타인의 계획을 비웃는 경향이 매우 강하다. 혹여나 그 사람이 자신은 못 이룬 성공을 거둘까 두려워서다. 반면에 성공한 사람들은 타인의 계획을 진지하게 여기고 존중한다.

쓸쓸하지만 다음의 사항을 명심하라.

성공 못 한 사람들은 결국 실패에 관한 조언만 해줄 수 있다. 그들의 조언은 대부분 '하지 마라', '안 된다', '금물이다' 등으로 끝난다. 성공한 사람들의 조언은 '하라', '잘될 것이다', '적극적으로 찾아라' 등으로 끝맺는다. 그들은 자신의 성공 노하우를 바탕으로 목적지로 가는 길을 직접 제시한다.

나의 코치는 이렇게 말했다.

"성공하지 못한 사람들은 자네에게 어떤 충고도 할 권리가 없네. 그리고 이보다 더 중요한 것은 자네가 그들의 조언을 들을 의무가 없다는 것이네."

한 가지는 분명하다. 당신이 지금 이 순간 두려움에 빠져 있다거나 걱정거리가 있다거나 새로운 일을 시작하고 있다거나 심각한 문제에 직면해 있다면, '루저들'과 대화를 나눌 적절한 시점이 아니다. 그건 당신의 두려움에 기름을 붓는 격이다.

바로 그 순간 당신에게는 성공한 사람들의 목소리가 필요하다. 당신과 똑같은 두려움을 극복한 사람의 노하우가 필요하다. 당신을 밝고 긍정적인 측면으로 이끌어줄 사람이 필요하다.

연금술사들은 말한다.

"부정적인 것들은 얻기 쉽다. 늘 당신을 찾아오기 때문이다. 하지만 긍정적인 것들은 얻기가 어렵다. 늘 당신이 찾아가야 하기 때문이다."

당신이 적극적으로 행동해야 할 이유가 여기에 있다. 다행인 것은, 당신이 간절하게 찾고 있는 것 또한 간절히 당신을 찾고 있다는 것이다.

담대한 목표를 설정하라

      °목표가 없는 삶을 살고 있다고
해보자.

그러면 당신은 첫 번째 문제가 나타났을 때 즉시 방향을 바
꿀 것이다. 목표가 없는데 무엇 때문에 문제를 극복하려고 노
력하겠는가. 진정으로 추구할 가치가 있는 목표의 소유자들에
게 문제란 없다. 수행해야 할 '과제'가 있을 뿐이다.

목표는 크고 담대해야 한다. 목표가 클수록 문제는 더 작게
보인다. 문제가 나타나면 나는 목표를 더 높이 설정한다. 무턱
대고 꿈만 크게 가지라는 뜻이 아니다. 성취할 가치가 충분한
목표라면 그것의 최대치를 설정하는 것이 그것을 손에 넣을

확률이 높아진다. '상대성의 법칙' 때문이다.

급하게 공항에 가야 하는데 시간이 10분밖에 남아 있지 않다고 생각해보라. 평소에는 단 한 번도 빨간불에 걸리지 않았던 신호등 앞에 당신이 탄 택시가 멈춰 있다. 택시 안에서 당신은 가슴이 급격하게 뛰고 위기감에 초조해진다. 드디어 파란불이 들어오고 택시가 앞으로 나가는가 싶더니 갑자기 시동이 꺼진다. 당신은 이제 패닉 상태에 돌입한다.

또 다른 예를 들어보자.

당신은 직접 차를 운전해 장거리 여행에 나섰다. 그런데 운전하면서 얼핏 룸미러에 비춰본 선글라스가 깨끗해 보이지 않는다. 그리고 내비게이션에 목적지 입력을 하지 않았음을 발견한다. 그런데 마침 때맞춰 교차로 신호가 빨간불로 바뀐다. 선글라스를 닦고 목적지를 입력하는 데 충분한 시간이 확보되어 당신은 마음이 편안해진다.

같은 시간, 같은 장소, 같은 상황에 놓였음에도 앞의 두 가지 예에서 당신의 마음은 극과 극을 오간다. 목표 설정도 이와 같다. 목표를 낮게 잡으면 아주 작은 문제도 치명적인 무게감으로 다가온다. 작은 목표에 집착하는 사람에게 작은 문제란 절대 작은 문제가 아니다. 사소한 실수나 결함에도 그의 세상은 종말을 맞이한다.

열일곱 살 때 내겐 저명한 음악 콩쿠르에서 상을 받은 여자 친구가 있었다. 그리고 부상으로 샌프란시스코 심포니 오케스트라와 협연할 기회를 얻어, 그녀는 2,000명 이상의 관객 앞에서 10분간 바이올린 파트를 솔로로 연주하게 되었다.

그녀가 활짝 웃으며 내게 말했다.

"내 연주가 끝나는 대로 무대 위로 올라와 내게 꽃다발을 선물해줄 수 있겠니? 남자친구에게 그 정도 축하는 받고 싶어서 말이야, 호호."

청중의 우레 같은 박수가 쏟아지는 가운데 무대 조명을 받으며 올라가 그녀에게 꽃을 바치는 모습을 상상하자 벌써부터 정신이 나갈 지경이었다.

겨우 정신을 차린 후 나는 말했다.

"무, 물, 물론이야. 그 정도는 해줘야 네 남자친구 자격이 있겠지……"

연주회 며칠 전, 친구 하나가 이렇게 말했다.

"깜짝 축하해줄 장미꽃은 이미 샀겠지? 그럼 그걸 냉동실에 보관해야 해. 그래야 장미꽃이 결정적인 순간에 갓 피어난 것처럼 싱싱하게 보인다고."

반신반의했지만 장담하는 친구를 믿기로 하고 냉동실에 꽃을 보관했다가 연주회에 가기 직전에 열어보았다. 과연 장미는 싱싱하고 보기 좋았다.

특별히 마련한 선물상자에 장미를 넣은 다음 연주회장에 가지고 갔다. 나는 침착하게 마음을 가다듬고는 상자를 들고 무대 위로 올라갔다. 관객석에서 박수와 휘파람이 울려 퍼졌다. 꽃을 꺼내기 위해 상자 안에 손을 넣었을 때 나는 세상의 종말을 맞이했다. 얼어 있던 꽃이 녹아 흐물흐물한 고무줄처럼 장미가 변해 있었다. 차가운 물이 떨어지는 축축 늘어진 꽃송이들을 꺼낼 수도, 꺼내지 않을 수도 없어 어쩔 줄 몰라 하는 내게 여자친구가 다가왔다. 그녀는 망설임 없이 상자에서 장미를 꺼냈다. 물이 뚝뚝 떨어지는 장미꽃을 보며 사람들은 웃기 시작했다. 정녕 나는 쥐구멍에라도 들어가고 싶은 심정이었다. 여자친구는 내게 가볍게 키스를 하며 살짝 윙크를 보여주었다.

"괜찮아, 아무려면 어때. 고마워."

이 이야기를 당신에게 들려주는 이유는 하나다.

아무리 절망적인 상황일지라도 추구할 만한 목표가 있으면 상황은 언제든 뒤바뀔 수 있다는 것이다. 내 여자친구는 깜짝 축하를 해주기 위해 장미꽃을 준비한 내 마음을 충분하게 헤아렸다. 그 마음이 중요한 것이지, 장미꽃의 상태는 하등 중요한 게 아니었다. 하지만 내 입장에선 무엇보다 여자친구가 수천 명의 사람 앞에서 놀림거리가 될까 너무 두려워 죽고 싶은 심정이었다. 축하해주겠다는 목표를 이루는 데 너무나 큰 문젯거리가 등장한 상황이었던 것이다. 하지만 여자친구의 우아한 키스와 재치 덕분에 그녀와 나는 큰 박수를 받는 데 성공했다.

이처럼 모든 상황은 상대적이다. 개개인의 목표, 성공, 가치 등등에 따라 상황은 언제나 반전의 가능성을 품고 있다. 긍정적인 반전을 위해서는 목표가 크면 클수록 좋다.

연금술사들은 말한다.

"우리의 목표가 크면 클수록 우리의 삶도 커진다."

추구하는 목표의 본질만 잘 지킬 수 있으면 무엇이든 대범하게 넘겨라. 어려운 상황이 닥치면 목표를 더 높이 설정하라.

뭔가를 하고 있는 상태를
만들어라

: 우리는 언제 좌절하는가?

무엇을 해야 할지 모를 때다. 그렇다면 좌절했을 때 우리는 무엇을 해야 하는가?

정답은 '무엇이든 해야 한다'다. 무엇이든 시도를 해봐야 무엇을 해야 할지 구체적으로 알게 되기 때문이다.

청소, 운동, 산책, 독서 등등 사소한 것부터 하라. '뭔가를 하고 있는 상태'를 만들 때 변화의 가능성이 생긴다. 새로운 길에 대한 단서를 얻는다. 가만히 있으면 위축된다. 위축된 상태에서는 반짝반짝 빛나는 생각이나 영감, 아이디어가 떠오르지 않는다.

연금술사들은 말한다.

"쉽게 성과를 낼 수 있는 일을 하라. 거창한 성과가 아니라 청소를 해서 깨끗해진 방을 갖는 것과 같은, 가시적 성과를 낼 수 있는 일을 하라. 작은 성과들이 쌓이면 우리가 늘 원하는 것, 즉 '용기'가 생긴다."

사람은 뭔가를 하고 있을 때 자신이 힘 있는 존재라는 사실을 체험한다. 행동을 하고 있을 때 자신이 뭔가를 달성할 수 있는 존재, 뭔가에 영향을 미칠 수 있는 존재라는 사실을 깨닫는다.

그러니 무엇이든 하라. 즉시 성과를 확인할 수 있는 일을 하면 더욱 좋다.

오래된 친구라도 만나라. 그는 지금 당신 곁에 있는 사람과는 사뭇 다른 조언과 힌트를 줄 수도 있다. 내비게이션을 켜지 말고 운전을 해보라. 낯선 공간에 있는 경험이 지금 당신의 상황을 다르게 보게 만들어줄 수도 있다. 굳이 산을 옮기려고 애쓸 필요 없다. 그냥 뭔가를 행하면 충분하다.

주변에 성공한 사람들이 있다면 관찰해보라. 그들과의 사적인 자리에서 한번 넌지시 물어보라. 그들이 평소에 즐겨 하는 일이 무엇인지 말이다.

그러면 알게 될 것이다. 청소, 운동, 산책, 독서 등등의 가벼운 일들이 목록의 상단에 자리하고 있다는 것을.

성공하는 사람들도 매일 좌절한다.

다만 매일 좌절을 딛고 행동에 나서는 데 성공할 뿐이다.

평정심이
최고의 능력이다

: 중국에서는 고대로부터 다음과
같은 우화가 전해져 내려온다.

옛날 작은 마을에 농부가 살고 있었다.

그에게는 전 재산이나 다름없는 말 한 필이 있었다. 말은 농부의 추수를 돕고 밭을 갈고 시장에 내다 팔 과일을 실어날랐다.

어느 날 커다란 폭풍이 몰려왔다. 번개가 요란하게 내리치는 바람에 놀란 말의 고삐가 풀리고 말았다. 말은 울타리 밖으로 달아나버렸다. 소식을 들은 이웃이 농부를 찾아와 위로의 말을 건넸다.

"상심이 크시겠어요. 가장 큰 재산이 사라졌으니 이 일을 어찌해요? 정말 운이 나쁘시군요."

조용히 듣고 있던 농부가 담담하게 말했다.

"글쎄요, 이 일이 도리어 복이 될지 누가 알겠소?"

과연 며칠 후 달아났던 말이 제 발로 다시 농부에게 돌아왔다. 그뿐인가, 세 마리의 야생마가 마치 밧줄로 연결된 듯이 말을 따라 줄줄 울타리 안으로 들어왔다. 소식을 들은 이웃들이 호들갑을 떨며 몰려와 축하의 말을 건넸다.

"와, 진짜 복이 되어 돌아왔네요! 말이 네 필이나 됐잖아요!"

농부는 이번에도 무표정하게 말했다.

"글쎄요, 이 일이 오히려 화가 될지 누가 알겠소?"

이튿날 농부의 아들이 야생마 한 마리를 길들이고자 말잔등에 올라탔다. 그러자 말이 펄쩍 뛰며 그를 바닥에 내동댕이쳤다. 그 바람에 그는 양쪽 다리가 부러지고 말았다. 소식을 들은 이웃들이 다시 와 위로의 말을 건넸다.

"아이고, 이렇게 끔찍한 사고를 당하시다니, 아드님은 평생 다리를 절며 살아야 할 수도 있겠네요……."

"글쎄요, 이 일이 또 복이 될지 누가 알겠소?"

얼마 후 전쟁이 일어났다. 관원들이 청년들을 전쟁터로 데려가기 위해 마을에 나타났다. 물론 관원들은 몸이 건강한 청년들만 뽑아 갔다. 다리를 다친 농부의 아들은 마을에 남았다.

소식을 들은 이웃들이 찾아와 축하의 말을 건넸다.

"이 전쟁 통에 아들을 곁에 둘 수 있다니, 운명의 신이 당신과 함께 하는군요."

"글쎄요, 이 일이 오히려 화가 될지 누가 알겠소?"

우리는 앞날을 정확히 예측하는 능력을 갖고 싶어 한다. 단언컨대 이는 불가능하다. 모든 일은 시간의 흐름에 따라 그 판단과 결과가 달라진다. 따라서 정확한 예측이 아니라 '언제든 달라질 수 있다'는 가능성에 주목해야 한다. 삶의 모든 일은 양면성을 갖고 있다.

훗날 우리가 후회하는 것은 무엇인가? 예측이 빗나가서 후회하는가? 우려했던 일이 실제로 일어나서 후회하는가? 그렇지 않다.

우리가 가장 후회하는 것은 '섣부른 판단'이다. 일 자체가 아니라 그 일에 대한 판단이 어리석었음을 뒤늦게 깨닫고 나면 뼈가 아프다. 결과는 언제든 바뀐다. 아니 정확히 말하면 결과는 언제나 '바뀌고 있는 중'이다.

열다섯 살 소년 시절, 나는 잊을 수 없는 경험을 한 적이 있다. 그해 나는 여름방학을 프랑스의 시골 마을에서 보냈다. 신앙심이 깊은 가정에서 홈스테이를 하고 있던 나는 그 가족들과 함께 베르코르 산맥의 테이블 산으로 하이킹을 떠났다. 우리는 산 정상에 텐트를 치고 하룻밤 야영을 할 계획이었다.

들뜬 마음으로 목적지를 향해 출발한 지 얼마 되지 않았을 때 뒤를 따르던 차가 우리 차를 추돌했다. 피해는 미미했다. 그런데 운전대를 잡고 있던 홈스테이 가정의 아버지가 말했다.

"이건 신의 계시야. 차를 돌려 집으로 돌아가라는."

나는 무척 놀랐다. 접촉사고 자체와 집으로 돌아가라는 신의 뜻 사이에는 큰 거리감이 있다는 사실을 어린 내가 그에게 어떻게 납득시켜야 할지 몰랐다. 어쨌든 다른 가족들의 반대로 우여곡절 끝에 우리는 계속 목적지를 향해 차를 몰았다.

몇 킬로미터쯤 달렸을 때 앞차가 밟은 돌덩이 하나가 튀어 올라 우리 차의 앞 유리를 산산조각냈다. 천만다행으로 일행 모두 선글라스를 끼고 있어서 유리 파편 세례를 받았음에도 가벼운 자상만을 입었다.

신앙심 깊은 그가 다시 목소리를 높였다.

"이것 봐, 이것 봐. 신께서 또다시 계시를 보내주신 거야. 집으로 돌아가야겠어!"

이번에는 누구도 반박할 도리가 없었다. 나는 몹시 실망스러웠고 화가 났다.

집으로 돌아오는 길, 이번에는 맑았던 하늘이 점점 흐려지더니 소나기가 쏟아지기 시작했다. 앞 유리가 없는 차 안에서 소나기를 맞는 것은 결코 유쾌한 일이 아니었다. 비에 흠뻑 젖은 채 천신만고 끝에 우리는 집으로 돌아왔다. 밤새 폭풍우가 몰아쳐 밤잠을 쉬 이루지 못한 나는 야영을 하지 않은 게 기적이라는 생각이 들었다.

이튿날 아침, 나는 식사를 하러 주방으로 갔다. 신앙심 깊은 그가 시체처럼 창백한 얼굴로 식탁 앞에 앉아 있었다.

"어젯밤 우리가 텐트를 치려던 곳에서 야영을 하던 두 사람이 폭풍우에 휩쓸려 실종되었다는구나."

신이 접촉사고를 통해 우리에게 뭔가 메시지를 전달하려고 했는지는 알 수 없었다. 하지만 나는 이 경험을 통해 평생 간직할 한 가지 교훈을 얻었다. 모든 것은 바라보는 관점에 달려 있다는 깨달음이었다.

연금술사들은 말한다.

"흔히 성공하는 사람들에게는 남다른 예지력과 판단력이 있다고 생각한다. 하지만 정작 그들이 갖고 있는 것은 '평정심'이다."

성공하는 사람들도 평범한 사람과 똑같다. 똑같은 좌절, 똑같은 두려움, 똑같은 고통을 겪는다. 그들은 남다른 능력, 재능, 통찰력이 있어서 그것들을 극복해내는 것이 아니다. 침착한 평정심이 있어서 그것들에 휩싸이지 않을 뿐이다.

명심하라.

세상 대부분의 성공은 어제까지 '실패'라고 불렸던 것들이다.

어제까지 '평범하고 사소한 것'으로 취급받던 것들이다.

충분히 시도하라

˚ 언젠가 크게 성공한 미국의 한
비즈니스맨이 내게 이렇게 말했다.

"미국인들은 문제에 관해 별로 고민하지 않아요. 그냥 문
제를 받아들이려고 노력하죠. 다시 말해 문제를 긍정적이
거나 부정적으로 평가하지 않죠. 미국인들의 기본원칙은
'SINLOA'에 입각해 있습니다. 'safety in numbers and the law
of average', 즉 '당신의 안전은 숫자와 평균의 법칙에 있다'라
는 뜻입니다."

주사위를 단 한 번만 던지면, 어떤 숫자가 나올지는 순전히
운에 달려 있다. 주사위를 열 번 던지더라도, 어떤 숫자가 나

올지는 여전히 운에 달려 있다.

하지만 주사위를 백오십 번쯤 던졌다면 이때는 평균의 법칙이 적용된다. 주사위를 던지는 횟수가 많아질수록 주사위의 각 숫자가 나오는 빈도가 서로 엇비슷할 확률 또한 높아진다.

당신의 성공을 운에 맡길 수 없다면 방법은 하나다. 한 가지 일을 아주 많이 하는 것이다. 최대한 연습하고 훈련하면 시도 횟수가 많아지기 때문에 평균의 법칙이 적용된다. 평균의 법칙이 적용될 때 '확률'은 비로소 의미를 가진다. 몇 번의 시도만을 놓고 성공 확률을 운운하는 것은 의미가 없다. 성공 확률을 극대화하려면 무조건 많이 시도하는 것이다. 그 밖의 모든 경우는 아마추어적인 도박에 불과하다.

충분히 시도하기 전까지는 원하지 않는 숫자가 나왔다고 해서 흔들릴 이유가 없다. 충분히 시도하기 전까지 우리는 그저 때로는 성공을 하고 때로는 실패를 할 뿐이다.

연금술사들은 말한다.

"수십 년 동안 한 업계에서 성공한 인물로 존경받는 사람이 있다고 하자. 그 사람이 거둔 성공의 크기 때문에 존경받는 것이 아니다. 그 사람이 그 오랜 세월 동안 충분히 정상 도전을 시도했기 때문에 존경받는 것이다."

이 말 속에 성공의 제일법칙이 담겨 있다.

단 한 번의 등정으로 히말라야 산맥을 정복한 사람이 있다.

그리고 평생에 걸쳐 히말라야 정복을 위해 산을 오르는 사람이 있다.

당신은 행운에 당첨된 벼락부자가 될 것인가?

아니면 존경받아 마땅한 부자가 될 것인가?

일관성 있는 삶을
선택하라

:앞에서 살펴본 바와 같이 최악의 시나리오를 만들어 놓으면 쓸데없는 걱정과 두려움에서 효과적으로 벗어날 수 있다. 아울러 '해피 엔딩'의 시나리오도 작성하면 유용하다.

당신이 원하는 가장 멋진 장면을 상상하라. 그리고 그걸 시나리오로 짜서 반복적으로 떠올려라. 최선의 전략은 정해놓은 시간에 주기적으로 떠올리는 것이다.

처음에는 쉽지 않다. 해피 엔딩을 상상하는 동안에도 걱정과 두려움이 소록소록 떠오를 테니까. '내가 지금 한가하게 이런 거나 생각할 정신이 어디 있어!'라는 목소리가 여기저기서 들려올 테니까.

하지만 해피 엔딩 시나리오는 머릿속에 새로운 연결망을 구축해준다. 긍정적인 영역으로 이어지는 이 연결망은 처음에는 좁고 엉성한 길이다. 하지만 시간이 흐를수록 점점 확장되고, 최종적으로는 초고속 광대역 데이터 망으로 변신한다.

해피 엔딩 시나리오는 자기실현적 예언의 힘을 발휘한다. 긍정적인 결과를 떠올리는 연습은 우리의 생각과 감정, 행동, 결정에 매우 큰 영향을 미친다.

불가의 경전 《법구경》에는 다음과 같은 구절이 담겨 있다.

"오늘 나의 모습은 어제 품었던 나의 생각에서 나온다. 오늘 나의 생각은 내일 있을 나의 삶을 세운다. 나의 의식의 창조, 그것이 나의 삶이다. 그러므로 어떤 사람이 부정적인 의식을 지닌 채 말하거나 행동하면, 그에게는 고통이 뒤따른다. 이는 마치 마차 바퀴가 마차를 끄는 짐승을 뒤따르는 것과 같다. 반면에 어떤 사람이 긍정적인 의식을 지닌 채 말하거나 행동하면, 그에게는 기쁨이 뒤따른다. 이는 마치 그의 그림자가 그를 뒤따르는 것과 같다."

스위스의 기업가 지노 다비도프Zino Davidoff가 누군가의 질문에 다음과 같이 답했는데, 그 대답은 법구경만큼 심오하지는 않았지만 매우 지혜로웠다.

질문은 다음과 같았다.

"사람들은 모두 아름다운 것을 좋아하죠. 그러니 제품을 생산하고 판매하는 기업가가 가장 우위에 두어야 하는 가치는 '아름다움' 아닌가요?"

지노 다비도프가 답했다.

"아름다움도 중요하죠. 하지만 그보다 더 중요한 것이 있다고 생각합니다. 그건 자신이 아름답다고 생각하는 것을 선택하는 권리입니다. 자신의 삶을 선택할 권리를 행사하는 사람에게 아름다움은 자연스럽게 뒤따릅니다."

그렇다. 자신의 삶을 선택하는 사람이 가장 아름다운 법이다. 긍정적인 삶과 부정적인 삶 가운데 긍정적인 삶을 선택하는 사람이 더 아름다운 법이다. 그럼에도 우리는 긍정적인 생각을 하는 사람을 '세상 물정 모르는 순진하고 서투른 아마추어'라고 폄하한다.

왜 긍정, 희망, 노력, 열정, 도전, 용기 등과 같은 가치들이 아마추어나 들먹이는 것으로 전락했을까? 자신의 삶을 선택하지 않았기 때문이다. 다시 말해 자신의 삶을 선택할 권리를 포기했기 때문이다. 포기하는 자에게 긍정의 가치들은 도무지 어울리지 않기 때문이다. 포기하는 자에게 긍정의 가치들은 도무지 이해하기 어려운 것들이기 때문이다.

지노 다비도프는 이렇게 덧붙였다.

"성공이란 '즐거움을 누리는 것'입니다. 언제 어디서나, 어떤 상황에서나 삶의 기쁨을 지속시킬 능력을 유지하는 것입니다. 즉 일관성을 갖는 것입니다. 싸구려 선술집에서는 무례하게 행동하고 고급 레스토랑에선 격식을 찾는 사람이 삶의 즐거움을 누릴 가능성은 거의 없습니다. 선술집에서든 고급 식당에서든 여성이 도착하면 자리에서 일어나고, 의자를 빼주고, 칭찬을 해 기쁘게 해주고, 두근두근하게 만드는 꽃을 건넬 줄 아는 사람이 곧 가장 큰 성공을 거머쥐고 있는 사람입니다."

진정한 해피 엔딩은 '일관성 있는 삶'일지도 모른다. 비관적이고 염세적인 사람은 늘 기복이 심하고 위태롭다.

언제나 즐거움을 누리는 삶을 떠올려보라. 그 삶의 시나리오를 작성해보라. 그것을 가능하게 만들어줄 긍정의 에너지들이 자연스럽게 뒤따를 것이다.

스스로를 환대하라

⠿ 세계적인 비즈니스 코치 지그 지글러Zig Ziglar는 자신의 책상 위쪽 벽에 비행기 표를 한 장 붙여놓았다. 나는 그 비행기 표가 어떤 의미인지 궁금했고, 그는 다음과 같은 이야기를 들려주었다.

어느 날 지그 지글러는 비행기 탑승을 위해 공항으로 가던 중 교통체증으로 길 한복판에 갇혀 있었다. 그는 매우 예민해져 있었고 잔뜩 긴장한 상태로 좌절해 있었다. 비행기를 타지 못하면 중요한 강연에 도저히 시간을 맞출 수 없었다. 하지만 어쩔 도리가 없었다. 너무 늦게 공항에 도착했고, 비행기는 이미 이륙한 후였다.

그는 공항을 둘러보았다. 막상 비행기를 놓치고 나니까 초조와 분노, 망연자실함이 왠지 천천히 사라지고 오히려 기분이 개운해지는 느낌이었다. 그는 아무 생각 없이 공항 안을 천천히 거닐었다. 평소에는 눈에 띄지 않았던 식당들이 눈에 들어왔다.

'오, 맛집들이 꽤 많군.'

그는 느긋하게 점심을 먹었다. 맛을 제대로 음미하면서 즐기는 식사가 대체 얼마 만인지 몰랐다. 그런 다음 멋진 라운지 소파에 기대어 커피를 마시며 분주히 오가는 사람들을 바라보았다. 문득 사랑하는 가족들이 떠올랐다. 그는 휴대폰으로 가족 한 명 한 명과 통화를 나눴다. 어떤 특정한 이유 없이 가족들과 대화를 하는 것도 대체 얼마 만인지 몰랐다. 지나가는 사람들과 눈이 마주치면 미소를 지으며 인사를 나누었고, 멋지게 날아오르는 비행기들을 평화롭게 바라보다가 자리에서 일어났다. 기왕 이렇게 된 것, 집으로 돌아가 따뜻한 목욕을 해야겠다고 생각하니 마음이 절로 즐거워졌다.

공항을 천천히 빠져나가는 그의 눈에 탑승객들을 위해 설치된 TV 모니터에서 흘러나오는 뉴스가 들어왔다. 그가 놓친 비행기가 막 추락했다는 다급한 속보였다. 살아남은 승객은 한 명도 없었다.

지그 지글러는 이렇게 말했다.

"그 사고 소식을 들은 후로 내 삶은 완전히 바뀌었습니다. '무슨 일이 있어도 흥분하지 말자.' 이 문장이 제 인생의 좌우명이 되었죠. 저뿐 아니라 우리 모두는, 어떤 일의 처음과 끝을 모두 안다면 무슨 일이 있어도 화를 내지 않을 것입니다. 두려워하거나 좌절하지도 않겠죠. 하지만 우리는 끝을 모릅니다. 하지만 이와 동시에 우리는 우리가 끝을 모른다는 사실은 압니다. 이 사실을 아는 것만으로도, 화를 내거나 두려워하거나 좌절하는 것이 얼마나 허망한지를 깨닫게 됩니다."

지그 지글러의 말에 감명을 받은 나는 그후 강연회가 끝날 때마다 이렇게 인사한다.

"모쪼록 여러분에게 좋은 일을 하시기 바랍니다."

힘겨울 때는 당신이 좋아하는 일을 하라. 따뜻한 목욕을 하거나 책을 읽거나 좋아하는 음악을 들어라. 잠시 자신을 완전히 다른 세상으로 데려다주는 좋은 영화를 보라. 생각만 해도 콧노래가 나오는 여행을 계획해보고, 하루의 스케줄을 완전히 비워보라.

그러면 알게 된다. 바로 이런 일을 하려고 우리는 그토록 노력한다는 것을. 이런 일을 하려고 그토록 성공하고자 애쓴다는 것을. 이 깨달음이 당신을 놀랍도록 회복시킬 것이다.

인도 여행에서 만났던 한 순례자가 내게 이런 말을 들려준

적 있다.

"먼저 자신을 접대하는 사람이 되어야 합니다. 그런 사람은 타인을 원망하지 않습니다."

지금 좌절감 때문에 어찌할 바를 모르고 있는가?

당장 침대에서 내려와 당신 자신을 환대하라.

테스트할 기회로 삼아라

: 우리에게는 햇빛이 필요하다. 그리고 비바람도 필요하다. 부정적인 감정을 느꼈다고 해서 죄책감을 가질 이유는 없다. 부정적인 감정을 느끼는 것은 자연스러운 일이다. 슬픈 영화를 보고 난 후 삶의 의욕을 회복하는 경우가 있듯이, 부정적 감정을 통해 삶에 새로운 기운을 불어넣는 메시지를 얻을 수도 있다.

어느 날 나는 플로리다의 한 레스토랑에서 아내와 함께 테라스에 앉아 있었다. 그때 멋진 롤스로이스 차량에서 노부부가 내려 바로 우리 옆 테이블에 앉았다. 나와 아내는 자연스럽게 노부부를 관찰했다. 그들은 매우 친절했고 인상이 무척이나 온화해 보였다.

그런데 이 노부부에게 그다지 유쾌하지 않은 일들이 시작되었다. 레스토랑의 웨이터는 20분이 지나도 노부부에게 전혀 신경을 쓰지 않았다. 겨우 주문을 받을 때에도 노부부를 불친절하게 대했다. 식사는 주문한 지 50분이 지나서야 나왔다. 게다가 음식은 그들이 주문한 것과는 완전히 다른 메뉴였다. 그 사실을 웨이터에게 알리자 그는 귀찮은 듯한 표정으로 말했다.

"그냥 드시면 안 될까요? 지금 새로 주문이 들어가면 한 시간도 더 걸릴 텐데요."

짐짓 바라보고 있는 내가 하마터면 화를 낼 뻔했다. 하지만 노부부는 태연했다. 그들은 여유로운 미소를 지으며 말했다.

"한 시간이나 더 걸린다고요? 잘됐군요. 내 인내심이 얼마나 늘었는지 테스트해볼 기회를 얻었네요. 괜찮아요, 얼마든지 기다릴 테니 다시 만들어주시기를 부탁합니다."

절대 빈정거리는 투가 아니었다. 노부부는 진심으로 그렇게 말했다. 그러자 웨이터가 잠시 놀란 듯 머뭇거리다가 비로소 머리를 숙였다.

"아, 죄송합니다. 빠르게 다시 올리겠습니다."

나는 노부부의 태도에서 신선한 충격을 받았다. 그들은 화를 내지 않고도 자신들이 원하는 것을 얻어냈다. 부정적 감정이 폭발할 것 같은 순간을 어떻게 잠재우는지에 대한 침착한 지혜를 보여주었다. 크게 깨달은 나는 결심했다. 부정적인 감정이 찾아올 때는, 이것을 내가 두려워하지 않는다는 것을 보여주는 기회로 삼겠다고.

고대 인도의 왕이 한 남자에게 사형선고를 내렸다. 남자는 왕에게 판결을 거두어달라고 간청했다.

"폐하께서 자비를 베풀어 제 생명을 구해주신다면, 1년 안에 폐하의 말에게 하늘을 나는 법을 가르치겠습니다."

왕이 흥미롭다는 표정으로 답했다.

"그렇게 하라. 하지만 만약 1년 안에 내 말에게 하늘을 나는 법을 가르치지 못한다면, 네놈은 물론이고 네 가족들도 목숨을 내놓아야 할 것이야."

남자의 가족들이 새파랗게 질린 얼굴로 물었다.

"도대체 무슨 생각으로 지키지도 못할 약속을 했어요? 말에게 하늘을 나는 법을 가르친다는 게 가당키나 해요?"

남자가 답했다.

"1년은 아주 많은 일이 일어날 수 있는 시간이요. 왕이 세상을 떠날 수도 있고, 자신이 내린 판결을 잊어버릴 수도 있지. 말이 죽을 수도 있고. 어쩌면 정말 말이 하늘을 나는 법을 배울 수도 있지. 그걸 누가 알겠소?"

걱정이나 두려움도 용량만 잘 지키면 약이 된다. 인내심을 갖고 어떤 문제에 충분한 시간을 두고 대응하면 된다. 이와 동시에 모든 것을 지나치게 심각하게 받아들이지 않은 것이 바람직하다.

소중하게 대할 필요도 없지만 부정적인 감정들을 부정적이라는 이유로 소홀히 대할 필요도 없다. 그저 차분하게, 냉정하게 그것들이 불쑥불쑥 찾아오는 이유를 헤아려 거기에 맞게 대접하면 충분하다.

노부부 이야기의 결말은 이렇다.

화를 내야 할 때 화를 내지 않았던 그들은 그 식당의 VIP 고객 목록에 이름을 올렸다.

루틴을 가진 사람은
실패할 틈이 없다

: 성공하는 사람들, 멘탈이 강한 사람들을 수없이 만나본 결과를 정리한 내 노트의 상단에는 이런 문장이 적혀 있다.

"그들은 루틴이 확고한 사람들이다."

전날 과음을 했든 하루아침에 실직을 당했든 주식 투자에서 큰 손해를 입었든 간에, 그들은 매일의 루틴이 동일하다. 운동을 하고 명상을 하고 즉시 일에 돌입하고 정해진 시간에 식사를 하고…….

나는 또한 사업에 실패한 사람, 승진에 누락된 사람, 연애와 결혼 생활이 불행했던 사람 등등 뭔가에 실패한 사람들도 많이 만났고, 그 결과를 정리한 내 노트의 상단에는 이런 문장이 적혀 있다.

"그들은 루틴이 없는 사람들이다."

확고한 루틴이 있느냐, 없느냐가 결국 성공과 실패를 갈랐다. 전자는 예측이 가능한 사람이다. 후자는 예측이 불가능한 사람이다. 언제 어디에 있을지 예측이 가능한 사람이 타인과 세상의 신뢰를 얻는다. 아무리 뛰어나도 어디로 튈지 모르는 사람, 한 시간 후 어떤 일을 할지 알 수 없는 사람은 타인과 세상에 불안을 심어줄 뿐이다.

연금술사들은 말한다.

"루틴의 구축은 아무리 강조해도 지나치지 않다. 루틴은 습관화된 시스템을 의미한다. 습관화된 시스템은 어떤 전략보다 강력하다."

특히 자기 사업을 시작한 사람들은 확고한 루틴을 갖고 있어야 한다. 사업이란 그야말로 허허벌판에 서서 고스란히 비바람을 맞는 일이다. 폭풍이 몰려올 때마다 부화뇌동하는 모습을 보이면 좌초하고 만다. 사업은 기복으로 점철된 세계다. 상승과 하락을 무한 반복하는 세계에서 최후까지 살아남는 자는 강철 같은 루틴의 소유자다.

토머스 에디슨Thomas Edison은 이렇게 말했다.

"성공에는 연속의 법칙이 있다. 실패는 단지 중간결과물일 뿐이다. 계속 행동하는 사람은 언젠가 자신에게 성공이 찾아오는 것을 막을 수 없다."

성공하는 사람은 언제나 같은 시간에 잠을 자고 같은 시간에 일어난다. 특별한 비법서가 아닌 교과서로 공부하고 예습과 복습을 꾸준하게 한다. 좋은 습관의 반복을 통해 성장하고 변화하고 정상에 선다.

연금술사들은 말한다.

"루틴을 가진 사람은 실패할 틈이 없다."

어떻게 실패할 것인가

⁝미래는 예측이 불가능하다. 예측이 불가능할 때는 어떻게 해야 할까?

내가 이 질문을 던졌을 때 멘탈의 연금술사들은 이렇게 말했다.

"예측이 불가능할 때는 지금 내가 하고 있는 일이 잘될 거라고 믿는 수밖에 없다. 그게 유일한, 강력한 답이다."

지금 하고 있는 일의 결과가 실패로 돌아갈 수도 있다. 하지만 정말 실패하기 전까지는 절대 실패할 것이라고 생각해서는 안 된다. 성공할 것이라는 강한 믿음 속에서 실패하는 것과, 실패할 것이라는 예감 속에서 실패하는 것 사이에는 큰 차이가 있다. 실패할 것이라는 예감이 적중되는 순간 우리가 잃고 마는 소중한 것이 있다. 다시 일어설 수 있는 용기다. 심리학자들의 연구에 따르면 성공에 대한 확고한 믿음 속에서 실패할 경우, 우리는 실의에 빠지기보다는 무엇이 잘못됐는지, 무엇을 고쳐야 할지 등등 개선책을 강구하는 태도를 나타낸다.

실패의 예감 속에서 실패하면 우리는 목표를 하향 조정한다. 더 이루기 쉬운 목표에 초점을 맞추면 잠재력을 온전하게 펼칠 수 없다. 성장이 아니라 유지 방안을 강구한다. 하지만 우리 모두가 알다시피 '현상 유지'는 곧 '퇴보'를 뜻한다.

그래서 성공하는 사람들은 이렇게 말한다.

"실패하더라도, 성공 속에서 실패하라."

'어떻게 성공할 것인가?'라는 질문은 중요하다. 동시에 '어떻게 실패할 것인가?'라는 질문도 중요하다.

성공과 실패는 인생에서 흔하게 일어나는 평범한 현상이다. 우리가 천착해야 할 것은 '방식'이다. 성공하는 방식과 실패하는 방식에 대한 충분한 검토와 반성이 있으면, 우리는 쉽게 실패하지 않는다.

지금 하고 있는 일이 어떻게 될지 모르겠는가?

괜찮다, 변화의 가능성을 충분히 즐겨라. 어떻게 될지 모르지만 이 일을 통해 분명 성장할 것이라는 믿음만 확고하게 지켜나가라.

불길한 예감이 끊임없이 적중하는가?

그렇다면 당신은 인간이 아니라 신이다.

멘탈 연금술사들의
지혜로운 조언

1. 두려움을 종이 위에 떨어뜨려라. 그러면 두려움의 용을 쓰러뜨
   릴 수 있게 될 것이다.

2. 데드라인을 설정하고 시간을 할당하라. 눈에 보이지 않는 것을
   눈에 보이게 만들면 해결책이 모습을 드러낸다.

3. 한 걸음 물러나서 보면 신과 우주가 두려움의 용을 당신에게 보
   낸 이유가 무엇인지를 알게 될 것이다.

4. 지금 당신이 책임질 수 있는 한도 내에서 최대한의 일을 하라.
   그러면 두려움, 좌절, 걱정이 아니라 자신감, 용기, 희망이 당신

을 선택할 것이다.

5. 적당한 걱정이나 두려움은 우리의 삶을 긴박감 넘치게 만든다. 우리를 더 멀리 가게 만드는 연료가 되어준다.

6. 모르는 것투성이일 때는 아는 것에서 힘과 위로를 얻어라.

7. 세상에서 가장 어려운 일은 매일 첫걸음을 떼는 것이다. 한 걸음을 떼고 나면 다음 걸음부터는 가벼워지고 빨라진다.

8. 긍정적인 사람이 될 것인지, 부정적인 사람이 될 것인지는 오직 훈련과 습관에 달려 있다.

9. 무엇을 하든, 되게끔 하라.

10. 인생의 목표는 종착역에 가장 빨리 도착하는 것이 아니다. 우리는 늘 출발선에 있고, 늘 가고 있는 도중에 있다. 우리의 목표는 꾸준히 우상향하는 인간이 되는 것이다.

11. 원하는 것을 얻으려면 그냥 원해서는 안 된다. 간절하게 원해야 한다. 통렬하게 원해야 한다. 숨이 막힐 정도로 원해야 한다. 목숨을 걸고 원해야 한다. 그렇지 않으면 삶은 취미의 수준

으로 전락한다.

12. 내가 틀릴 수 있다는 사실을 인정하면 타인을 받아들일 수 있는 여유가 생긴다. 타인을 온전하게 받아들이는 사람만큼 강한 사람은 없다.

13. 뛰어들어라, 그러면 온 우주가 당신에게 헤엄치는 법을 가르칠 것이다.

14. 당신이 간절하게 찾고 있는 것 또한 간절히 당신을 찾고 있다.

15. 목표가 크면 클수록 우리의 삶도 커진다.

16. 성공하는 사람들도 매일 좌절한다. 다만 매일 좌절을 딛고 행동에 나서는 데 성공할 뿐이다.

17. 명심하라. 세상 대부분의 성공은 어제까지 '실패'라고 불렸던 것들이다. 어제까지 '평범하고 사소한 것'으로 취급받던 것들이다.

18. 충분히 시도하기 전까지는 원하지 않는 숫자가 나왔다고 해서 흔들릴 이유가 없다. 충분히 시도하기 전까지 우리는 그저

때로는 성공을 하고 때로는 실패를 할 뿐이다.

19. 자신의 삶을 선택하는 사람이 가장 아름답다. 긍정적인 삶과 부정적인 삶 가운데 긍정적인 삶을 선택하는 사람이 더 아름답다.

20. 지금 좌절감 때문에 어찌할 바를 모르고 있는가? 당장 침대에서 내려와 당신 자신을 환대하라.

21. 부정적인 감정이 찾아올 때는, 그것을 내가 두려워하지 않는다는 것을 보여주는 기회로 삼아라.

22. 단단한 루틴을 가진 사람은 실패할 틈이 없다.

23. 실패하더라도, 성공 속에서 실패하라.

3장

세상 모든 장애물을
황금으로 만들어라

MENTALE ALCHEMIE

"인생은 절대 만만해지지 않는다.
유일한 전략은 당신이 더 강해지는 것이다."

지혜로운 부자가 되어라

: 좀 더 빨리 성공하고 싶은가? 그렇다면 다음의 불편한 진실을 받아들여야 한다.

20대 시절 나의 코치는 성공하고 싶어 매일 조바심을 내던 내게 이렇게 말했다.

"빨리 부자가 되고 싶다면 평범한 사람들보다 더 많은 문제를 떠안아야 하네."

나는 물었다.

"어째서 그런가요?"

코치가 답했다.

"가난한 사람들보다 부유한 사람들이 더 많은 문제를 갖고 있으니까."

미처 내가 생각지 못한 답이었다. 인생의 모든 문제를 '경제적 자유'가 해결해줄 것이라고 믿었던 나는 뒤통수를 한 대 얻어맞은 느낌이었다.

코치는 이렇게 덧붙였다.

"부자들은 경제적으로 자유로운 상태에 놓여 있는 사람들이지. 그래서 부자가 되었다는 것은 이제 돈으로 해결할 수 없는 문제들에 대한 답을 얻어야 한다는 것이야. 그건 무척이나 어려운 일들이지."

그렇다. 아직 가난하고 평범한 사람들은 돈만 있으면 명쾌한 답을 얻을 수 있는 문제들을 고민하는 데 대부분의 시간을 보낸다. 하지만 인생은 거기서 끝나지 않는다. 돈을 얻게 되면, 돈으로 해결할 수 없는 문제들이 다시 우리를 기다린다.

부자는 돈만 많은 사람이 아니다. 경제적 자유와 함께 해박한 지식, 풍부한 경험, 연륜과 통찰을 두루 갖춰야 진정한 부자가 될 수 있다. 그런데 정작 우리는 어떻게 생각하는가?

'먼저 돈을 벌자. 그다음 일은 그다음에 생각해도 충분해.'

이는 잘못된 생각이다. 돈을 벌면서 지식과 경험도 쌓고 통찰력도 갖춰야 한다. 이 모든 일이 순차적이 아니라 동시다발적으로 일어나야 한다. 그래야만 경제적 자유를 얻어야 할 진정한 이유를 깨닫게 되고, 돈으로 해결할 수 없는 문제들에 대한 지혜로운 답을 찾을 수 있다.

연금술사들은 말한다.

"돈 많은 부자가 아니라 지혜로운 부자가 되어야 한다. 돈은 우리 삶의 최종 목적지가 아니다. 돈은 우리 삶의 출발선이다. 가장 빨리 돈을 버는 사람은 가장 빨리 출발선에 설 수 있다. 하지만 그다음 펼쳐질 레이스에 대한 경험과 지식이 전무하다면 그가 결승선을 통과할 확률은 매우 낮아진다."

지금 당장은 경제적으로 곤궁한 삶을 살고 있다 할지라도 우리는 부자처럼 생각하고 부자처럼 행동해야 한다. 식탁에 앉아 밥을 먹을 때도 부자들이 해결해야 할 수많은 문제들의 목록이 무엇일지 떠올려보아야 한다.

'돈도 없는데 무슨 허세람……' 하면서 움츠러들어서는 안 된다. 타인의 시선 따위도 전혀 신경 쓸 필요 없다. 당신은 아직 '돈만 없는' 부자다. 그리고 장담하건대 돈은 해결하기 가장 쉬운 문제임을 언젠가 반드시 깨달을 날이 올 것이다.

돈 많은 부자가 되는 것은 시간이 해결해준다.

지혜로운 부자가 되는 것은 오직 당신이 해결해야 할 일이다.

평균은 함정이다

：가장 안타까운 사람들이 있다.
더 큰 성과를 얻을 충분한 잠재력을 갖췄음에도 이를 제대로
발휘하지 못하는 사람들이다.

그들은 늘 이렇게 말한다.

"이 정도면 만족해요."
"더 바라면 욕심이죠."
"먹고살 만큼은 됩니다."

하지만 내가 볼 때 그들은 진정 만족하는 삶을 살고 있는

것 같지 않다. 그들은 '평균적인 삶'을 살고 있을 뿐인 듯하다.

적당한 만족, 적당한 책임감을 갖고 사는 것이 잘못인가? 아니다. 잘못일 리 없다. 다만 위험할 뿐이다. 무엇이 위험하다는 말인가?

연금술사들은 말한다.

"평균적인 삶은 환상에 가깝다. 평균은 도전이 아니라 '합의'에 먹이를 준다. 도전하는 삶이 아닌 거래하는 삶은 우상향 곡선을 그리지 못한다. 무엇을 원하든 간에, 그보다 못한 결과와 타협하게 될 것이다."

평균적인 삶은 계속해서 합의할 대상, 비교할 대상을 찾는다. 평균적인 삶의 목표는 자기 주도적인 삶이 아니라 '타인보다 나은 삶'이다.

평균적인 삶을 살겠다는 것은 마이너스 성장을 하겠다는 선언이다. 조금씩 조금씩 하향곡선을 그려도 가난한 자와 부자의 중간쯤에만 위치하면 만족하겠다는 '자포자기'다. 가난한 상태는 싫지만 부자가 되면 책임질 많은 문제들도 떠안기 싫다는 비겁한 '입장 표명'이다.

부자는 돈이 아니라 '태도'가 만든다. 어떤 문제든 정면돌파하겠다는 적극적이고 거침없는 태도가 결국 당신을 위기에 강한 부자로 만들 것이다.

연금술사들은 말한다.

"문제를 이리저리 피해 다니며 쉽게 돈을 번 사람은 오랫동안 부자로 살지 못한다. 부자는 젖먹던 힘을 다해 어려움을 극복하고 돈을 번 사람이다."

평균적인 삶은 '흑자 도산'과 같다. 이곳저곳에서 성과를 내는데도 불구하고 결국 파산의 길을 걷는다. 우하향하는 삶의 종착지는 '제로'다.

문제는 피한다고 해서 피해지는 것이 아니다. 피해다닐수록 더 큰 문제들이 그림자처럼 영원히 따라다닌다. 하나를 해결하고, 또 하나를 해결하고, 또 하나를 해결해야 한다. 피하지 않고 차근차근 해결하고자 하면 그 해결에도 힘이 붙어 점점 쉬워진다.

장담한다. 당신은 절대 당신의 문제에서 벗어날 수 없다. 하지만 문제를 하나씩 돌파할 때마다 스핑크스가 성공의 열쇠를 하나씩 내놓을 것이다.

'부자의 삶'의 반대말은 '빈자의 삶'이 아니다.

'도망자의 삶'이다.

잘하지 못하는 것을 잘하라

：미국에서 자수성가한 사업가가 내게 이런 말을 들려준 적 있다.

"성공은 우리를 부유하게 만들어줍니다. 그리고 문제와 갈등은 우리를 강하게 만들어줍니다."

명언이 아닐 수 없다. 성공이라는 케이크를 굽기 위해서는 좋은 레시피가 필요하다. 여기서 좋은 레시피란 훌륭한 책과 코치, 이야기들이 전해주는 다양한 전략과 지혜, 철학이다. 하지만 레시피만으로는 맛있는 케이크가 되지 않는다. 레시피 외에 각종 다양한 장식이나 첨가물이 필요하다. 바로 이 첨가물이 '크고 작은 문제들'이다.

문제를 해결하지 않은, 갈등의 극복 스토리가 없는 성공은 빈약하다. 지루하고 뻔하다. 더 많은 문제가 더 많은 에너지를 공급하고, 에너지가 많을수록 성공은 활력에 넘친다.

나의 코치는 늘 이렇게 말했다.

"중세 연금술사들처럼 우리는 쓰레기로 황금을 만들 줄 알아야 한다네."

쓰레기를 황금으로 만든다고? 그렇다. 성공하려면 진짜 연금술사가 되어야 한다. 아무도 거들떠보지 않는 것, 피하고 싶은 것, 내다 버리고 싶은 것, 유효기간이 지났다고 생각되는 것, 그래서 어떤 주목도 받지 못하는 것들을 황금으로 만들어 낼 줄 알아야 한다.

우리는 본질적으로 '잘하는 것을 잘한다.' 반면에 싫어하는 것은 좀처럼 잘하지 못한다. 물론 성공하려면 잘하는 것에 집중해야 한다. 강점을 더욱 극대화시켜야 한다.

잘하는 것에 집중하려면 어떻게 해야 할까? 잘하지 못하는 것을 잘하는 수준으로 끌어올려야 한다. 싫어하는 것, 잘하지 못하는 것에 방해받는 상황에서는 잘하는 것에 집중할 수 없다.

"저 사람은 정말 나무랄 데 없이 일을 잘하는데, 한 가지 흠이 있다면 화를 못 참는다는 것이지."

우리는 흔히 이렇게 말한다. 화를 못 참는 한 가지 흠이 있는 그 사람이 과연 성공할 수 있을까? 사람들이 평가하는 한 가지 흠을 해결하지 않으면 아마도 그는 정상에 오르지 못할 것이다. 설령 오르더라도 그 한 가지 흠에 발목을 잡힌 채 곧 내려오고 말 것이다.

우리는 약점에 대해 진지하게 검토하지 않는다. 약점은 누구에게나 있는 것으로 가볍게 생각한다. 하지만 약점은 반드시 해결되어야 한다. 약점을 해결해야만 강점이 더욱 빛나는 법이다.

무결점의 완벽한 사람이 되라는 이야기가 아니다. 결점을 쓰레기로 남겨두지 말라는 것이다. 싫어하는 일을 싫어하는 채로 방치하지 말라는 것이다. 잘하지 못하는 것을 잘하지 못하는 상태로 놓아두지 말라는 것이다.

글로벌 기업가 리처드 브랜슨Richard Branson은 나에게 이렇게 말했다.

"처음부터 모든 것을 잘할 줄 아는 사람은 없다. 하지만 모든 것을 잘해야겠다고 결심하는 사람은 모든 것을 잘하는 방법을 배운다. 모든 것을 배워야 한다. 배우지 못한 것이 있으면 늘 불안하고 부족한, 성에 차지 않는 결실을 얻을 뿐이다."

누구에게나 문제와 갈등이 존재한다. 그것을 훌륭한 요리로 승화시킬 것인지, 아니면 그대로 방치할 것인지는 오직 우리 자신에게 달려 있다.

잘하지 못하는 것을 잘하라.

모든 장애물을 황금으로 만들어라.

고통 뒤에는
금광이 숨겨져 있다

: 나는 확신한다. 모든 고통 뒤에
는 금광이 숨겨져 있다고.

이는 시련을 겪고 난 사람들이 내게 한결같이 전해준 말이
다. 나도 살아오면서 직접 이를 생생하게 경험해왔다. 당신 또
한 이러한 경험을 했음에도 오랫동안 잊고 살아왔을지 모른다.

나는 멘탈 코치로, 머니 코치로 일하면서 전 세계 다양한 사
람들을 만나왔다. 그들과 함께 시간을 보내면서 다음의 사실
을 알게 되었다.

늘 안타깝게도 실패를 반복하는 사람, 시련을 지혜롭게 극
복하지 못하는 사람은 '치료'를 원했다. 그들은 실패, 상처 등

에 바를 수 있는 연고 같은 조언이나 달달한 위로를 원했다. 직언이나 쓴소리는 그들에게 큰 효과를 발휘하지 못했다.

반면에 성공하는 사람들은 치료가 아니라 '코칭'을 원했다. 그들은 직면한 상처와 실패를 성공으로 가는 길에 놓여 있는 해결해야 할, 돌파해야 할 '문제'임을 일깨워주는 내 피드백에 뜨겁게 반응했다. 코칭을 받아들일 때 쓰레기를 황금으로 바꾸는 연금술이 가능해진다. 치료제만을 갈구하는 사람은 언제든 공포에 쉽게 내몰린다.

코치가 없다고 해서 좋은 피드백을 얻지 못하는 건 아니다. 돌파구가 필요하거나 슬럼프에 빠진 느낌이 들 때는 주변에 당신에게 직언을 해줄 수 있는 사람이 있는지 살펴보라. 어떤 이해관계도 없이 냉정하게 직언을 해줄 수 있는 사람이 있다면, 그 사람에게 피드백을 구하면 충분하다. 물론 성공의 경험이 많은 사람의 코칭을 얻을 수 있다면 가장 좋다.

내가 아는 한 20대 청년은 대학 졸업 후 자신의 진로에 대한 조언을 얻기 위해, 그가 감명 깊게 읽었던 책의 저자들에게 이메일을 보냈다. 세계적인 석학, 슈퍼 리치, 금융전문가들이었기에 답신을 얻을 것이라고는 별로 기대하지 않았다. 그런데 그는 송신한 이메일 스무 통 중 열일곱 통에서 답신을 받았다.

그는 깜짝 놀랐다. 그리고 크게 깨달았다. 원하는 것을 얻기 위해 적극적으로 행동하면, 그에 대한 보상이 반드시 나타난다는 것을. 그는 자신의 미래에 대한 황금 같은 조언을 얻었다. 나아가 그의 삶을 송두리째 바꿀 수 있는 용기를 얻었다.

다시 당신에게 코칭한다.

"모든 고통 뒤에는 금광이 숨겨져 있다. 고통이 없으면 금광은 발견될 길이 없다. 고통을 겪지 않은 사람은 금광이라는 존재 자체를 알지 못한다."

실패하는 사람은 늘 고통 뒤에 숨지만, 금광이 거기에 존재한다는 사실을 절대 알지 못한다. 성공하는 사람은 늘 고통의 전위에 서 있지만, 고통의 뒤에 자신이 원하는 황금이 있다는 사실을 잘 알고 있다.

어떤 일을 할 때는 어김없이 고통과 시련이 따른다. 그래서 그것들은 진짜 고통과 시련이 아니라, 성공으로 가는 하나의 '과정'이 고통과 시련이라는 가면을 쓰고 나타났을 뿐임을 명심하라.

어떤 사람이
기적을 일으키는가

:《성경》에는 다음의 이야기가 담겨 있다.

어느 날 베드로가 예수를 찾아와 말했다.

"주님, 우리에게 문제가 생겼습니다. 내일까지 세금을 내야 하는데, 지금 우리에게는 돈이 없습니다."

예수가 답했다.

"아무 문제 없다."

베드로가 약간 당황한 얼굴로 다시 말했다.

"주님, 잘못 알아들으신 것 같은데요. 제가 방금 내일까지 세금을 내야 하는데 돈이 없다고 말씀드렸습니다. 심각한 문제입니다."

예수가 다시 답했다.

"아무 문제 없다."

예수는 영문을 몰라 어리둥절해 하는 베드로에게 물고기를 잡아오라고 지시했다. 베드로는 원래 어부였기에 예수의 지시를 고분고분 따랐다. 베드로가 던진 그물에 걸린 물고기들은 입에 동전을 가득 물고 있었고, 베드로는 이 동전들을 모아 세금을 낼 수 있었다.

그렇다. 동전들을 입에 문 물고기들을 낚은 것은 '기적'이다. 하지만 그 기적은 예수의 비범한 능력에서 연원된 것이 아니다. 기적은 '문제 없다'는 예수의 말에서 비롯되었다(적어도 나는 그렇게 생각한다).

우리는 우리가 동전을 입에 문 물고기들을 낚을 수 있을지는 절대 알 수 없다. 하지만 '문제 없어!'라고 외치는 것, 어떤 것도 문제로 여기지 않는 태도는 얼마든지 습관으로 만들 수 있다.

기적은 마법이 아니다. 상식에 모순되는 사건이 일어난 것뿐이다. 따라서 기적을 일으키려면 우리는 기존의 상식을 깨면 된다. 기존의 선입견을 깨면 된다. 아무도 할 수 없다고 생각하는 믿음을 깨면 된다. '아무 문제 없어!'라고 자신에게 말하는 사람이 이런 기적을 만들어낸다.

예를 들어 지금 당신이 10만 유로의 연봉을 받고 있는 사람이라고 해보자. 누군가에게 당신의 연봉은 기적이다. 지금 당신이 3만 유로의 연봉을 받고 있다고 해도 마찬가지다. 누군가에게 당신 연봉의 숫자는 간절히 원하는 목표일 수 있다.

연금술사들은 말한다.

"기적은 기적이 일어날 수 있도록 뭔가를 행하는 사람에게 일어난다."

문제를 문제로 받아들이지 않는 것도 기적을 일으킬 수 있는 지혜로운 행동이다. 누누이 강조하지만 문제를 문제로 인식하지 않으면 반드시 해결책이 떠오른다. 최소한 발생한 문제에서 더 큰 성장과 변화를 모색할 수 있는 단서와 교훈은 얻을 수 있다.

예수가 성자로 추앙받는 이유는 마법사였기 때문이 아니다. 인간을 괴로움과 고통에서 구원했기 때문이 아니다. 고통과 괴로움을 다르게 받아들이는 것에 눈을 뜨게 했기 때문에 예수는 성자가 되었고 그의 말씀들은 성공하는 사람들의 바이블이 되었다.

기적을 얻기 위해 우리가 해야 하는 일은 간명하다. 모든 장애물들을 감당할 만큼 그릇이 큰 사람이 되는 것이다. 도처에서 직면하는 문제들을 충분히 소화해낼 만큼의 그릇이 큰 사람이 되는 것이다. 그러면 우리는 놀라울 정도로 많은 것을 이루어낼 수 있다.

한 가지는 확실하다. 두려움에 전전긍긍하며 기적이 일어나기를 바라는 것은 마치 운동선수가 거실 텔레비전으로 올림픽 경기를 시청하면서 금메달리스트가 되기를 바라는 것처럼 미련한 짓이다. 치명적인 것은 이런 사람에게는 아무 일도 일어나지 않는다는 것이다.

잠시 책장을 덮고 다음의 질문에 답해보라.

"당신은 왜 성공하고 싶어 하는가? 왜 부자가 되고 싶어 하는가?"

이에 대한 연금술사들의 답변은 다음과 같았다.

"성공하면, 부자가 되면 한밤중에 물고기를 잡으러 가지 않아도 되기 때문이다."

래퍼 50센트 이야기

세계적인 래퍼 50센트 50 Cent는 뒷골목 깡패였다.

마약을 팔며 어두운 거리를 어슬렁거리던 그는 어느 날 문득 더 이상 이렇게 사는 게 재미없다는 생각이 강렬하게 들었다. 그는 가수가 되겠노라 결심했다.

천부적인 래퍼였던 그는 데뷔하자마자 수많은 팬들을 확보했고, 유명 음반사들이 계약서를 들고 그의 집 앞에 장사진을 쳤다. 그는 콜롬비아레코드 사와 계약을 맺고 1년 동안 앨범 준비 작업을 했다. 하지만 앨범 발매를 불과 몇 주 앞둔 시점에서 살인청부업자가 그의 몸에 총알 아홉 발을 쏘았다. 그중

한 발이 그의 턱을 관통했다. 탄환의 뾰족한 부분이 그의 혀에 박히는 바람에 겨우 죽음은 면했다.

콜롬비아 사는 앨범 발매 작업을 중단하고는 50센트와의 계약을 해지했다. 다른 대형 음반사들도 그와의 계약을 원치 않았다. 계약 파기는 파산을 불러왔고, 구사일생으로 목숨은 건졌지만 계속해서 살인청부업자에게 쫓기는 신세가 되었다. 쫓기는 내내 심각한 부상을 입었고 극심한 통증에 시달렸다.

사람들은 50센트가 '끝났다'고 생각했다. 조롱과 비웃음이 그의 귓전을 울렸다.

'명색이 래퍼인데 폼 안 나게 병원 침대에 누워 링거나 꽂고 있다고? 어이, 그냥 킬러의 총에 장렬히 전사하는 게 더 멋지 겠는걸!'

스스로 목숨을 끊어도 하나도 이상할 것이 없는 상황이었다. 하지만 50센트는 래퍼인 동시에 연금술사이기도 했다. 멘탈 연금술을 내면화하고 있었다.

그는 스스로에게 이렇게 물었다.

'어두운 뒷골목으로 돌아갈 것인가?'

대답은 단연코 '아니!'였다.

그는 다시 물었다.

'뒷골목으로 돌아갈 수 없다면 어떻게 해야 할 것인가? 이런 비참한 상황을 극적으로 바꿔놓으려면 무엇을 해야 하는가?'

50센트는 몇 달 동안 친구의 집에 칩거하며 이 질문에 대한 답을 찾았다. 그러고는 다시 음악을 시작했다. 총알의 미세한 파편들이 혓바닥 곳곳에 아직 남아 있었기에 새로 랩을 시작한 그의 목소리는 거칠고 탁한 소리로 완전히 변해 있었다.

입을 조금만 움직여도 통증이 심했기 때문에 그는 예전보다 느린 속도로 랩을 해야만 했다. 기존의 발성을 버리는 대신 쉿소리가 나는 음색을 전화위복의 기회로 삼을 결심을 했다. 속도는 느리지만 우울한 회색빛 도시의 밤거리 모습을 생생하게 담은, 거칠고 혹독하고 긴박감 넘치는 랩을 피나게 연습했다.

여전히 살해 위협이 존재하는 상황이었음에도 그는 자신의 랩을 가지고 직접 거리로 나섰다. 그의 목소리에서 느껴지는 분노와 거친 악기 사운드는 길거리 젊은이들 사이에서 뜨거운 반향을 일으켰다. 그의 매력적인 랩들이 빠른 입소문을 타고 삽시간에 퍼져나갔다. 그의 분노와 회한, 반항 정신이 생생하게 망라된 노랫말들은 급기야 살인청부업자를 고용했던 밤거리 뒷골목 세계에서도 호응을 얻었다.

그는 자신의 랩을 누구든 복사해서 즐길 수 있도록 허용했다. 이는 그의 음악을 전 세계로 퍼뜨리는 데 일등공신 역할을 했다.

얼마 지나지 않아 그의 랩은 당대 최고의 래퍼 에미넴의 귀

에까지 도착했다. 에미넴은 즉시 그를 찾아가 계약을 했다. 그로부터 몇 년 후 50센트의 재산은 5억 달러를 돌파했다.

마침내 그는 이렇게 다시 정상에 올랐다. 더 이상 살해 위협을 받으며 쫓기지 않아도 됐다. 비참했던 모든 상황을 황금으로 만들어냈다.

50센트는 이렇게 말했다.

"모든 부정적인 것은 긍정적이다. 새로운 걸음을 내딛기 전에 아무런 걱정이 들지 않는다면, 그건 그 걸음이 너무 작다는 증거다."

그렇다. 모든 부정적인 것은 긍정적이다. 나쁜 것은 좋은 것을 만드는 훌륭한 재료다. 스스로 목숨을 끊어도 하등 이상할 것 없던 뒷골목 깡패에서 세계 정상에 오른 성공자로 변신한 인물의 말에 귀 기울이지 않는다면, 우리는 누구의 말에 귀 기울여야 한단 말인가!

다윗은 어떻게
골리앗을 이기는가

⁝미국의 초대 대통령을 지낸 조지 워싱턴George Washington은 1776년 곤경에 처해 있었다. 당시 미국 독립혁명군 총사령관이었던 그는 한마디로 오합지졸에 불과한 군대를 이끌어야 했다. 그해 영국군은 스스로 미국 독립군을 자처하는 무리들을 보스턴에서 뉴욕까지 밀고 갔다. 바로 그때 미국의 독립전쟁 역사에서 결정적인 순간이 도래했다.

워싱턴의 군대는 수천 명 규모로 그 병력이 줄어들어 있었다. 인류 역사상 손꼽히는 혹한의 날씨에 식량은 바닥이 났고 추위를 막아줄 변변한 군복조차 없었다.

게다가 영국군은 휴식을 충분히 취한 상태였고 넉넉한 식량을 갖고 있었으며 고도로 무장되어 있었다. 병력 규모도 미국군보다 여섯 배나 우위에 있었다. 미국군은 정식 군사훈련도 받지 못한 사람들이었던 반면 영국군은 노련한 군인들이었다.

만일 당신이 조지 워싱턴이었다면, 당신은 무엇을 했겠는가?

아마도 당신은 대부분의 사람들과 마찬가지로 겨울이 끝날 때까지 버티며 전투 병력을 강화하고, 운명이 자신의 편으로 돌아서길 기다려보자고 결정했을 것이다. 하지만 조지 워싱턴은 연금술사였다.

그는 병력 숫자의 열세를 오히려 강점으로 활용했다. 소규모 병력이었기에 영국군에게 들키지 않고 빠르게 이동하는 데 유리하다고 판단했다. 마치 혜성처럼 불쑥 나타나 적을 급습할 수도 있었다. 자신의 소규모 병력은 험한 지형에서도 순조롭게 이동할 수 있었던 반면 영국군은 대규모인 탓에 기동성을 발휘하기가 불가능할 것이라고 판단했다.

마침내 워싱턴은 공격을 감행하기로 결정했다. 그는 '자신이 갖고 있는 것'으로 '자신이 할 수 있는 것'에 집중했다. 자신이 갖고 있지 않은 것을 바라지 않았고, 자신이 할 수 없는 것에 탄식하지 않았다. 그의 군대는 우회로나 퇴로가 없는 험준한 지형에서 영국군을 상대하는 전술을 펼쳤다. 규모의 우위만을 믿은 영국군의 허점을 공략하는 기습과 기동 전술은 적중했고, 빠른 다윗이 느린 골리앗을 쓰러뜨리는 데 성공했다.

훗날 워싱턴은 당시의 승리에 대해 이렇게 회상했다.

"그때 우리가 갖지 못한 것을 갖기 위해 겨울이 끝날 때까지 기다리기로 결정했다면, 우리는 막강한 영국군의 공격이 아니더라도, 우리가 가진 두려움 때문에 전멸했을 것이다. 가지지 못한 자가 가진 자를 이기는 방법은 하나밖에 없다. 가진 자의 방심을 타격하는 가지지 못한 자의 '절박함'이다."

멘탈 연금술이란 바로 이런 것이다.

모든 상황은 중립적이다. 다만 이 상황을 부정적으로 활용할 것인지, 긍정적으로 활용할 것인지의 선택에 따라 성공과 실패, 승리와 패배가 결정될 뿐이다.

무엇을 갖고 있는지보다 무엇을 활용할 것인지가 당신의 성공에 결정적 역할을 한다는 사실을 명심하라.

인생을 어디에 쓸 것인가

：2009년 러시아의 복서 니콜라이 발루에프 Nikolai Walujew가 데이비드 헤이 David Haye에게 세계 챔피언 벨트를 내주었을 때, 그는 다음과 같이 말했다.

"내가 도전자보다 체중이 50킬로그램 더 나가고, 신장이 22센티미터 더 크다. 그래서 나는 그와의 경기가 매우 힘들었다."

이 상황을 음미하듯 차근차근 살펴보자. 전 세계 사람들은 발루에프가 거대한 체구 덕분에 경기에서 매우 유리하다고 단언했는데, 정작 그 자신은 "나는 키가 커서 도전자와의 경기에서 너무나 불리했다"라고 말한 것이다. 이처럼 우리는 쓰레기를 가지고 황금을 만들 수도 있지만, 황금을 가지고 쓰레기를 만들 수도 있다.

헤이의 경우는 정반대였다. 그는 시합 초반인 2라운드에서 이미 오른손에 골절상을 입었다. 전세가 그에게 완벽하게 불리해진 것이다. 승리의 여신이 그에게 등을 보인 격이었다. 권투 경기에서 심각한 손 부상을 당하다니, 대부분의 선수라면 경기를 포기했을 것이다. 하지만 헤이는 달랐다.

그는 스스로에게 이렇게 말했다.

"이제 나는 펀치를 줄이는 대신 좀 더 많이 피해 다녀야 해. 그러면 발루에프는 빨리 지칠 거야. 주먹으로 싸울 수 없다면 어떡하겠는가, 발로라도 싸울 수밖에!"

헤이는 12라운드에 이르러 마침내 거인을 쓰러뜨렸다. 그는 쓰레기를 가지고 황금을 만들었다.

헤이는 승리 소감을 묻는 기자들에게 이렇게 말했다.

"손이 부러지지 않았다면 빠른 발만 믿고 파고들다가 발루에프의 카운터 펀치를 맞고 쓰러졌을지도 몰라요. 그런데 막상 오른손이 부러지자 정신이 번쩍 들더군요. 남아 있는 발을 어떻게 써야 되는지에 집중해야 한다고 생각했습니다."

하나를 가진 자가 열 개를 가진 자를 이기는 경우는 인류 역사에 차고도 넘친다. 다만 우리는 그런 승리를 엄두도 내지 못하기 때문에 패배에 대한 두려움을 가진다.

연금술사들은 말한다.

"승자가 위대한 이유는 하나다. 그들은 한 번도 진다는 생각을 한 적이 없다는 것이다. 어떤 상황에서든 이길 수밖에 없는 이유를 만들어낸다."

패배에 대한 구실과 변명을 만드는 데 인생을 쓸 것인가?

이길 수밖에 없는 이유와 행동을 만드는 데 인생을 쓸 것인가?

즐기고 사랑하고 열망하라

: 독일의 여성 수영선수 브리타 슈테펜Britta Steffen은 유럽 수영선수권 대회에서 여러 차례 우승했다. 2008년 베이징 올림픽 2관왕이자 로마 세계수영선수권 대회에서도 금메달 두 개를 목에 건 전설적인 스포츠 스타다.

하지만 그녀는 정상에 오르기 전에는 극심한 불안감에 시달렸다. 인생에서 긍정적인 기억이 단 하나도 없었다. 이는 성공적인 수영선수가 되는 데에 가장 큰 걸림돌이었다.

그녀는 이렇게 말했다.

"훈련을 할 때는 기록이 좋았어요. 하지만 경기에 나가면 실력 발휘를 하지 못했죠. 실패할 것이라는 두려움이 머릿속을 꽉 채웠죠. 출발을 알리는 총성이 울리기 직전에는 심장이 터져나갈 것만 같았어요. 너무 심장이 격렬하게 뛰어서 숨을 쉬기가 어려울 정도였습니다."

최고의 재능과 실력을 겸비했지만 우승과는 인연이 없는 '비운의 스타'였던 슈테펜은 결국 외부의 도움이 필요하다는 것을 알았다. 그녀는 멘탈 트레이너의 조언을 열심히 따랐다. 그리고 자신의 내면에 존재하는 극도의 불안감이 본인의 자의식과 밀접한 관계가 있다는 사실을 깨달았다. 그녀는 자의식을 강화했고, 그후 자신의 욕구를 과거보다 더 잘 수용할 수 있게 되었다.

무엇보다 그녀는 우울증을 불러일으키는 기계적으로 반복되는 훈련 시스템을 완전히 바꿨다. 즉 원할 때 훈련을 했고, 훈련을 한 후에는 반드시 휴식을 취했다. 이를 통해 그녀는 알게 되었다. 그녀에게 수영이란 두려움이 아니라 열망의 대상이었다는 것을.

그녀는 수영을 진심으로 좋아하게 되었다. 하지만 여전히 물에 대한 트라우마는 남아 있었다. 이는 심각한 문제였다. 일곱 살 때 슈테펜은 물놀이를 하다가 수영장 바닥에 있던 매트 아래로 몸이 딸려 들어간 적이 있었다. 몸부림을 치며 물 밖으로 나오려고 했지만 매트 아래 눌려 있던 머리가 여러 차례 바닥에 부딪히면서 물을 많이 삼켰고, 어린 나이임에도 '이제 죽는구나'라는 직감이 들었다. 기적처럼 수면 위로 올라오긴 했지만 그때부터 그녀는 물에 대한 트라우마가 생겼다.

수영에 대한 천부적인 재능이 있었기에 이 트라우마는 곧 극복될 것이라고 생각했다. 하지만 그건 착각이었다. 한 번은 경기 도중에 입으로 물이 들어왔는데, 갑자기 '너는 물에 빠져 죽을 거야'라는 일곱 살 때의 생각이 또다시 들었다. 그런 자신의 반응에 소스라치게 놀라며 경기를 포기하고 수영장 밖으로 빠져나온 적이 한두 번이 아니었다.

슈테펜의 멘탈 트레이너는 그녀에게 말했다.

"천천히 눈을 감고 호흡을 편안하게 가라앉혀요. 자, 이제 푸른 바다에서 수영을 한다고 상상해봐요. 깊이 잠영했다가 천천히 머리를 수면 위로 올려봐요. 그리고 뒤로 고개를 돌려 봐요. 무시무시한 상어가 당신을 향해 접근하고 있어요. 이제 전속력으로 해안까지 헤엄쳐요!"

슈테펜은 상어에게 물리지 않으려면 전속력으로 해안까지 수영해야 한다는 상상을 훈련 프로그램에 포함시켜 수없이 반복 연습했다. 이 공포 영화 같은 시나리오는 슈페텐의 수영에 엄청난 에너지를 제공했다. 슈테펜은 이를 통해 일곱 살에 겪었던 물에 대한 트라우마에서 벗어났다. 나아가 상어보다 빠르게 수영하는 상상을 필요할 때마다 불러내는 방법도 배웠다. 실제 경기에서 결승선을 몇십 미터 앞둔 지점에 이르렀을 때 그녀는 상어를 떠올리며 경이적인 속도를 낼 수 있었다.

어떻게 이런 일이 가능했을까?

먼저 슈테펜은 물에 대한 트라우마보다 더 큰 공포를 불러일으키는 상상을 체계적인 훈련 프로그램으로 만들어 그 트라우마를 덮어버렸다. 이를 통해 그녀는 더 이상 불안감에 지배당하지 않을 수 있었다. 더 큰 성과를 내기 위해 자신의 불안감을 활용하는 수준에 오른 것이다.

불안감은 그녀에게 이제 독이 아니라 약이 되어주었다. 불안감은 더 이상 그녀를 무력화시키지 않았고, 오히려 그녀에게 더 큰 에너지를 선물해주었다. 그녀는 마침내 멘탈 연금술사가 된 것이다.

물론 이는 여러 해에 걸친 훈련의 결과였다. 포기하고 싶은 유혹을 물리쳤고, 불안을 긍정의 에너지로 사용하는 법을 배웠고, 훈련을 자신의 의지로 통제함으로써 문제를 멋진 결과로 바꿔놓았다. 결국 그녀는 세상에서 가장 빠른 수영선수가 되었다.

브리타 슈테펜의 이야기는 모든 것을 혼자 감당할 필요가 없다는 사실도 일깨워준다. 사람은 누구나 제3자의 도움을 얻을 수 있다. 무슨 문제든 간에 그 해결을 도와줄 훌륭한 조력자들이 우리 주변엔 존재한다.

불안감이 밀려들 때는 연금술사처럼 행동하라.

'무슨 일이 일어나든 아무 상관없어. 나는 그걸 황금으로 변화시킬 거니까!'

이런 생각 훈련을 거듭하면 할수록 불안은 점점 작아진다. 불안을 자유자재로 다룰 줄 아는 수준에 이르면 당신의 내면은 목표한 모든 것을 이룰 수 있는 자신감과 에너지로 충만해진다. 최종적으로 당신은 이루어야 할 목표가 힘든 노력과 혹독한 훈련을 요구하는 것이 아님을 깨닫게 된다.

슈테펜이 수영을 고통과 두려움의 대상이 아닌 진정 사랑하고 열망하는 대상으로 바꿔놓은 것처럼, 당신도 당신의 목표를 즐기고 사랑하고 열렬히 원하는 것으로 바꿔놓을 수 있다.

부자의 그릇,
빈자의 그릇

: 근본적으로 삶에는 두 가지 길
이 있다.

그중 하나는 넓고 평탄한 길이다. 대부분의 사람들이 선택
하는 이 길을 걸어가면 어디에도 도달하지 못한다. 넓고 평탄
한 길은 사람들에게 이렇게 약속한다.

'이 길은 무난해. 걷는 데 별 문제가 없을 거야.'

하지만 이는 뻔뻔스러운 거짓말이다. 문제가 없으면 사람들
은 약해지기 때문이다. 작고 약한 사람의 눈에는 실상은 사소
한 문제라도 아주 크게 보인다. 즉 길은 무난하고 쉽지만, 그
길을 걷는 사람은 점점 약해지고 만다. 그래서 평탄한 길임에

도 사람들은 끊임없이 중도에서 포기한다.

또 다른 하나는 성공으로 가는 좁은 협로다. 이 길을 선택하는 사람들은 많지 않다. 하지만 이 길의 약속은 솔직하다.

'걱정들을 통제하는 법을 익히고, 포기하지 않고, 문제를 해결하면 너는 부자가 될 거야!'

이 약속은 진실하다. 부자로 가는 길은 평탄하지 않다. 여러 가지 위험과 문제들이 도사리고 있고, 처음부터 끝까지 이 길은 가파르다. 그래서 이 길을 선택하는 사람들은 소수이고, 그래서 이 세상에서는 소수만이 부자가 된다.

'평균의 함정'에서 살펴본 바와 같이 무난하고 평범한 길을 걷겠다는 것은 환상이다. 우리는 우상향하는 인간이 되거나 우하향하는 인간이 되거나, 둘 중 하나다. 점점 부자가 되거나 점점 가난해지거나, 둘 중 하나다.

이는 운명의 장난과도 같다. 평탄한 길을 걷는 사람은 문제를 피해가기 위해 무엇이든 한다. 그래서 그들은 계속 가난해지고 자주 불행해진다. 바로 이 같은 상태야말로 가장 심각한 문제다.

부자들은 자신의 문제를 다루는 법을 익힌 사람들이다. 피한다고 해결될 일이 아니라는 것을 잘 알기 때문에 정면 돌파를 시도하고, 이 시도를 성공시키기 위해 문제를 다른 시각으로 볼 줄 알고, 문제를 무력화시킬 줄 알고, 문제를 긍정의 에너지로 활용할 줄 안다.

부자들은 이렇게 말한다.

'기왕 하는 거, 멋지게 해보자!'

'피할 수 없으면 즐길 수밖에!'

'내일 지구 종말이 와도 오늘 할 일은 오늘 하자!'

부자들은 이를 계속 반복한다. 그리고 바로 이 때문에 그들의 그릇은 점점 커진다. 그릇이 커지는 사람에게 문제란 더 이상 부정적인 사건이 아니라 그저 평범한 사건이다. 누구나 쉽게 다룰 수 있는 사건, 음식을 먹거나 잠을 자거나 하는 것과 같은 일반적인 사건이다. 부자들은 자신의 문제를 제압한다. 빈곤한 사람들은 자신의 문제에 제압당한다.

각 개인이 지닌 그릇의 크기를 1에서 10으로 나눌 때, 만약 누군가의 그릇 크기가 2라고 가정해보자. 그 사람에게 4에 해당하는 문제가 발생한다면, 그 문제는 그가 지닌 그릇 크기의 두 배가 된다. 그런데 그 사람이 성장을 거듭해 그릇의 크기가 8이 되면, 상황은 아주 달라진다. 그에게 4에 해당되는 문제가 발생할 경우 그가 지닌 그릇의 크기가 문제보다 두 배나 더 크다. 따라서 그에게는 더 이상 아무 문제가 없다는 의미다. 문제란 사람들이 해결할 수 없는 것들을 가리키기 때문이다. 다시 말해 문제란 당사자의 그릇이 크지 않아 해결할 수 없는 것들을 가리킨다. 만일 어떤 문제가 자신을 억누른다고 느끼지면 다음과 같은 사실을 분명히 인식해야 한다.

'문제가 너무 큰 것이 아니라 나의 그릇이 너무 작은 것이다. 따라서 내가 성장을 거듭해 문제를 충분히 소화해낼 만큼 그릇이 큰 사람이 되어야 한다.'

어떻게 하면 자신의 문제를 충분히 소화해낼 만큼의 그릇이 큰 사람이 될 수 있는가? 답은 간명하다. 자신에게 주어진 문제를 매개로 성장하는 것이다. 이 같은 관점에서 볼 때 문제는 발전을 위한 조력자가 되어준다.

문제를 매개로 발전하기 위해서는 문제에 지나치게 집중하지 말고 해법에 집중하는 것이다. 무엇보다 지속 가능한 해법에 집중하는 것이 중요하다. 지금 당면한 문제가 향후 당신의 삶 속에 등장하지 않도록 당신이 무엇을 할 수 있을지 숙고해보아야 한다. 당신이 원하는 변화는 언제나 문제 해결에서 출발한다.

특히 좌절감에 빠진 경우 사람들은 대부분 문제에만 천착하는 경향이 있다. 하지만 성공하는 사람들은 아주 잠시 동안 좌절해 있을 뿐, 이내 곧 좌절감을 행복으로 바꿀 수 있는 해법 찾기에 전력 집중한다.

성공하는 사람들, 멘탈 연금술사들은 말한다.

"적극적인 행동이 인생을 바꾸는 유일한 답이다. 적극적으로 행동하면 문제가 사실은 '문제처럼 보이는 것'일 뿐, 생각지 못했던 새로운 가능성과 기회라는 것을 알게 되고, 여기에 매료된다."

해결해야 할 문제가 크면 클수록 당신의 그릇은 커진다. 그리고 그만큼 벌어들이는 돈도 많아진다!

여기 당신이 알아야 할 중요한 진실이 또 하나 있다.

'최종적인 성공이란 존재하지 않는다'는 것이다. 일정 수준의 재산을 벌어놓았다고 해서 이제 아무 걱정 없을 거라고 생각하는 사람에게는 악몽이 닥칠 것이다. 성공은 늘 일회적인 사건이며 지속될 수 있는 속성을 갖고 있지 않다. 다시 말해 성공은 언제나 가능태다. 완성태가 아니다.

예를 들어 로또 복권 당첨자들은 자신이 소화해내기에는 너무 큰 문제와 갑자기 마주친 것이다. 복권 당첨은 행운이라기보다는 해결해야 할 문제다. 하지만 감당하기엔 너무 큰 문제라 당첨자의 80퍼센트는 당첨금을 수령한 지 2년 안에 모두 날리고 만다. 아울러 그릇이 작은 사람은 실패를 '만회'할 기회를 얻는 데도 실패한다.

부자가 되고 싶은가?

먼저 그릇을 키워라. 그릇이 클수록 그 안에 담기는 돈도 많아진다.

그 누구도 예외 없이, 자신이 갖고 있는 그릇의 크기만큼 돈을 번다.

삶은 우리를
벌주지 않는다

: 문제가 발생할 때마다 곧장 문제 해결에 나서는 것이 최선이다. 망설이거나 자기 연민에 빠져 시간을 허비하지 말라. 이는 아무에게도 도움이 되지 않고 에너지만 허비할 뿐이다.

자신을 무력한 피해자라 여기지 않는 것도 매우 중요하다. 자신의 운명을 극적으로 묘사함으로써 타인의 연민을 구하지도 말라. 당신이 원하는 것은 연민이 아니라 존중이니까. 성공을 관리하는 일은 우둔한 사람도 할 수 있다. 하지만 실패와 문제를 다루는 일은 아무나 하지 못한다. 아무나 하지 못하는 일을 하는 사람이 성공하고 부를 얻는다.

다음의 사실을 잊지 마라. 가슴에 새겨라. 누군가에게 책임을 떠맡기면 더불어 그 사람에게 권리도 맡기는 것이다. 당신 삶에 대한 권리는 당신에게만 있다. 당신의 문제를 어떻게 다룰지 결정하는 것은 오직 당신만의 권리다.

문제에는 다음의 3가지 유형이 있다.

첫째, 당사자가 직접 통제할 수 있는 문제다.

이 경우에는 습관을 바꾸면 문제가 해결된다. 예를 들어 정해진 액수의 돈으로 잘 살아갈 수 있느냐의 문제는 절약 습관과 낭비 습관에 달려 있다. 이는 온전히 당사자의 영향력 안에 있는 문제다.

둘째, 당사자가 간접적으로만 통제할 수 있는 문제다.

이 경우에는 자신의 통제 영역을 확장시킴으로써 문제를 해결한다.

셋째, 당사자가 전혀 통제할 수 없는 문제다.

이러한 상황에서도 자신의 내면적 상태, 즉 자신의 감정이나 반응은 통제할 수 있다. 가장 좋은 것은 여유 있는 미소를 유지하는 태도다.

그리고 이렇게 말하라.

'그럼 시작해볼까? 나는 문제를 해결하는 사람이니까.'

문제가 발생하면 다음의 질문들을 떠올려라. 많은 도움을 얻게 될 것이다.

1. 이 문제의 장점은 무엇인가?

문제 안에 내포된 교훈에 집중하는 것이다. 모든 문제는 유용한 깨달음을 갖고 있다. 하지만 이를 구하는 사람은 늘 소수다. 다음의 질문을 떠올리는 것을 습관화하지 못했기 때문이다. '이 문제가 나에게 일어난 이유는 무엇인가?' '이 문제는 내게 어떤 가르침을 주려고 찾아왔는가?' 이 질문들이 자동반사적으로 떠올라야 한다.

2. 내 삶의 어떤 부족한 점 때문에 이 문제가 발생한 것일까?

이 질문은 당신이 스스로를 무력한 희생자로 간주하지 않게끔 막아준다. 누군가가 당신에게 부당한 일을 가함으로써 문제가 발생했을 수도 있다. 하지만 이러한 인식은 당신에게 전혀 유익하지 않다. 이보다는 향후 이러한 문제의 재발을 막을 수 있는 힘이 자신에게 있다는 사실을 아는 것이 당신에게 훨씬 유익하다.

3. 다시는 이런 상황에 빠지지 않기 위해 나는 어떤 각오가 되어 있는가?

가장 바람직한 것은 주어진 문제를 해결하는 데에 그치지 않고, 이러한 문제가 다시는 발생할 수 없는 여건을 조성하는 것이다. 상당수의 문제들은 단순한 행동 변화만으로도 해결할 수 있다.

4. 해법을 가진 사람이 있는가?

타인의 의견을 구하는 것도 탁월한 방법이다. 단, 당신이 처한 문제의 핵심적인 부분만 설명하라. 당신에게 필요한 것은 조언이지, 연민이 아니다. 그들에게 '이해'를 구하기 위해 구구절절 문제의 배경을 설명하다 보면, 해법은커녕 당신의 감정 기복만 심해질 것이다.

5. 어떤 해법이 최선인가?

과거에 집착하지 말라. 과거는 더 이상 바꿀 수 없다. 화를 내봐도 당신에게 별다른 도움이 되지 않는다. 해법에 집중함으로써 미래를 바라보라.

6. 어떻게 하면 즐거운 마음으로 문제를 극복할 수 있을까?

여러 가지 문제로 힘든 상황에서는 자신의 진정한 가치를 잊기 쉽다. 모든 문제를 해결하고 난 뒤에 삶을 즐기겠노라 마음먹은 사람은 지금 이 순간의 즐거움을 누리지 못한다.

살다 보면 흔히 다양한 난관이 꼬리를 물고 나타난다. 삶이 원래 그렇다. 힘겨운 상황에서 아무렇지도 않은 듯 밝게 웃고 즐겁게 지내면, 사람들로부터 '무딘' 사람 혹은 '감수성이 떨어지는 사람'이라고 비난받을 수도 있다. 하지만 따지고 보면 이러한 비난 뒤에는 자신에게 주어진 문제들을 능숙하게 다루는 당신에 대한 질투심이 숨겨져 있다.

'왜 또 나야? 왜 항상 나한테만 이런 일이 생기는 거지?'

때때로 삶이 나에게만 특정한 시그널을 보내주는 것 같을 때가 있다. 내가 그 시그널에 숨겨진 교훈을 제대로 이해할 때까지 삶은 계속해서 동일한 시그널을 보낸다.

어떤 일이 반복적으로 나타난다는 느낌이 들 때는 '변화'를 시도할 때가 왔다는 신호다. 이사를 할 수도 있고 이직을 고려해볼 수도 있다. 지금 만나고 있는 사람들과의 관계 재정립도 숙고해볼 수 있다. 하필 나에게만 일어나는 일은 없다. 그럼에도 우리는 대부분 자신을 '불운의 아이콘'으로 포지셔닝하지 못해 안달복달난 사람처럼 행동한다.

지금 이 순간에도 지구상 모든 존재가 '하필 왜 나야!'라고 외치고 있다. 그러니 초조해하거나 괴로워할 필요 없다. 문제를 피하지 말고, 문제에서 빠져나오기 위한 변화를 모색하면 계속 찾아들었던 시그널들이 어느 순간 사라졌음을 알게 될 것이다.

연금술사들은 말한다.

"삶은 우리를 벌주지 않는다. 다만 우리를 가르칠 뿐이다."

그렇다. 모든 것에는 의미가 있다. 종종 그 의미를 한눈에 알아보기 힘든 경우가 생기는데, 이것이 곧 우리가 고통, 시련, 갈등, 난관, 문제라고 부르는 것들이다. 어떤 특정한 시점에 우리의 시야를 가리는 베일을 벗게 되면, 우리에게 무엇이 부족한지 확실하게 보인다. 공감력이나 분별력, 주변 사람들에 대한 책임감, 마음의 평안 등등이 우리에게 부족했음을 깨닫게 된다. 해법은 우리가 무엇이 부족한지를 알게 되면 자연스럽게 나타난다. 해법이 나타나면 문제는 너무나 당연하게도 사라진다. 문제를 '무엇이 부족한지 모색하라는 시그널'로 받아들이면 우리의 삶은 현명해진다.

삶은 늘 고통스럽다. 현실에 안주하고자 하는 인간의 본성 때문이다. 새로운 변화와 도전을 싫어하기 때문이다.

세계적인 금융전문가 로버트 기요사키Robert Kiyosaki는 이렇게 말했다.

"불가능한 것에 접근하는 사람에게는 경쟁자가 없다."

모두가 현실에 안주하고자 할 때, 모두가 변화와 도전을 꺼려할 때, 이에 접근하는 사람에게는 경쟁자가 없다. 경쟁자가 없어 독주하는 승자가 된다.

내가 만난 멘탈의 연금술사들은 이렇게 말했다.

"문제를 하나하나 해결해나간다 해도, 삶은 결코 수월해지지 않을 것이다. 다만, 당신은 점점 이기기 어려운 상대가 될 것이다."

삶은 결코 만만해지지 않는다.

유일한 성공 전략은 당신이 점점 강해지는 것이다.

신의 선물을
기꺼이 받아라

: 누구나 살면서 인내심을 시험
받는다. 그 강도가 모두 똑같은 것은 아니지만 인내심은 중요
한 성공 법칙들 중 하나다. 어쩌면 가장 중요한 것일 수도 있다.

실수를 하면 우리는 언제든 바로잡을 수 있다. 하지만 포기
를 해버리면 그것으로 끝이다. 끝장이 난 것이다. 따라서 우리
는 스스로를 무장해야 한다. 좌절을 견디고 계속 할 수 있는
힘을 길러야 한다.

성공하는 사람들은 왜 힘든 일에 부딪혔을 때, 이를 삶이 보
내는 시그널이라고 여기는가? 왜 삶에 필요한 것들은 그냥 손
쉽게 얻어지면 안 되는 것일까? 왜 사람들은 끊임없이 어려운

문제와 씨름해야 하는가?

답은 없다. 이것이 바로 삶의 미스터리다. 하지만 우리는 다음의 사실을 안다.

삶은 본래 이런 방식으로 작동한다. 인간의 뼈는 하중을 받아야 한다. 그렇지 않으면 뼈가 약해져서 가볍게 넘어졌을 뿐인데도 쉽게 부러지고 만다. 이 같은 사실은 무중력 상태에서 생활하는 우주인들의 사례에서도 알 수 있다.

강해지려면 외부로부터의 타격이 필요하다.

한 소년이 번데기에서 빠져나오려고 안간힘을 쓰고 있는 나비를 지켜보았다. 소년은 가여운 마음에 나비가 쉽게 빠져나올 수 있도록 번데기의 틈을 벌려주려고 했다. 그때 소년의 아버지가 그를 말렸다. 소년의 '도움' 때문에 나비가 죽을 수도 있기 때문이다. 이 투쟁은 나비에게 생존을 위해 꼭 필요한 것이다. 번데기에서 빠져나오기 위해 투쟁하는 과정에서 나비의 날개가 강해지기 때문이다. 노력하지 않으면 누구나 약한 곳에 머무르고, 성장하지 못한다.

미국의 대통령을 지낸 에이브러햄 링컨Abraham Lincoln은 이렇게 말했다.

"누군가 스스로 해야 할 일이나 스스로 할 수 있는 일을 대신해주는 것은, 그를 결코 도와주는 것이 아니다."

전쟁을 치르고 나서, 대공황을 겪고 나서, 전염병과 싸우고 나서 인류는 더 강해졌다. 이를 바꿔 말해보자. 그 어떤 전쟁도, 그 어떤 경제 침체도, 그 어떤 질병도 인류를 굴복시키지 못했다.

이 사실에서 우리는 무엇을 깨닫게 되는가?

신은 우리가 감당할 만큼의 시련을 줄 뿐이다. 그 시련을 감당하고 나면 우리는 더 강해진다.

즉 신이 우리에게 준 시련은 축복과 선물의 다른 이름임을 명심해야 할 것이다.

인생이 절대
허락하지 않는 일들

: 인생은 계단을 오르는 일이다.

계단의 평평한 면에 서 있을 때는 그 자리에서 이런저런 노력을 한다. 그러다 보면 어느 날 갑자기 위로 올라가고, 다시 평평한 면에 있게 된다. 다만 이전보다 한 단계 높아졌다는 차이가 있다.

이 평평한 면들은 그 자리에 서 있는 사람들이 다음 단계로 올라갈 수 있도록 준비를 시킨다. 각 계단은 저마다 다른 어려움이 있다. 이를 해결하지 못하면 절대 다음 계단으로 올라갈 수 없다. 지금 자신이 서 있는 단계의 어려움을 해결하지 못한 사람은 다음 단계로 올라갈 힘이 없기 때문이다.

당신은 패배를 피해갈 수 없다. 당신의 삶과 당신 주변에서 일어나는 여러 가지 일들도 당신의 한 부분이다. 당신은 타인을 바꿀 수도, 자연법칙을 바꿀 수도 없다. 대부분의 일 또한 당신이 바꿀 수는 없다. 바꾸려 해봤자 좌절감만 커진다. 당신이 바꿀 수 있는 유일한 것은 당신 자신, 그리고 당신이 맞닥뜨리는 어려운 일들의 크기뿐이다.

당신이 얼마나 훌륭한 아이디어를 갖고 있든, 얼마나 훌륭한 제품을 생산하든, 얼마나 훌륭한 서비스를 제공하든 상관없이, 당신은 결코 완벽할 수 없다. 당신의 제품이나 아이디어를 거부할 사람들은 늘 존재할 것이다. 그리고 당신에게는 항상 여러 가지 어려움이 있을 것이다. 당신이 접하게 될 실패와 도전은 당신에게 포기할 구실이 되어주거나, 더 배우고 계속 나아갈 기회가 되어줄 것이다. 이런저런 어려움은 당신을 가로막는 장벽이 되거나, 당신에게 다음 단계를 향해 나아갈 수 있는 힘을 더해 줄 것이다.

선택은 오롯이 당신이 한다.

그렇다면 대안은 무엇일까?

당신이 적극적으로 더 멀리까지 발전해갈수록, 당신이 감당해야 하는 새로운 도전들의 수도 많아진다. 많은 사람들이 문제에 부딪히면 한결같이 피하려고만 하고, 자신을 실망시키지 않을 수월한 일을 찾아 나선다. 하지만 성공하려면 반드시 이런 어려움들을 헤쳐 나가야 한다. 어려움을 피하고자 다른 대안을 찾아나선들 돌아오는 것은 좌절감뿐이다.

계단을 오를수록 어려움도 커진다는 말을 들으면 어떤 사람들은 그냥 지금의 단계에 머무르겠다고 고집한다. 하지만 인생은 이 또한 허락하지 않는다. 우리는 특정 단계에 머무를 수조차 없다. 현실에 영원히 안주할 수 있는 사람은 없다. 만일 이것이 가능하다면 우리는 애써 한 계단 한 계단 위로 오르지 않아도 된다. 지금 올라선 계단 위로 한 걸음도 오르고 싶지 않다면, 계속 아래계단으로 내려가야 한다는 사실도 받아들여야 한다.

우리는 안다. 지금보다 부유한 삶을 살지 못하는 것은 견뎌도, 지금보다 못한 삶을 사는 것은 절대 견디지 못한다는 것을. 올라가는 것도 힘들고, 내려가는 것도 힘들다면 선택은 쉬워진다. 올라가는 쪽을 선택하는 것이 죽기보다 싫은 추락과 하락보다는 백 배 낫다.

이제 알겠는가?

만족보다는 도전을, 두려움보다는 용기를, 포기보다는 극복을, 안전보다는 모험을 선택하는 것이 백 배는 쉽다.

우리는 모두 그렇게
한 계단을 오른다

: 멘탈의 연금술사들은 각 계단을 오를 때마다 각기 다른 어려움이 주어진다는 사실을 흥미진진하게 여긴다. 그들은 자신이 점점 높은 차원의 문제들을 해결해나갈 것이라고 기대한다. 그리고 이 기대감은 그들의 자존감을 한껏 드높인다.

처칠 영국 수상이 "절대로, 절대로, 절대로, 절대로 포기하지 마십시오!"라고 말한 것도 이와 같은 맥락에서다. 그는 포기하지 않으면 반드시 설레고 가슴 뛰는 일이 생긴다는 것을 잘 알고 있는 멘탈 연금술사였다.

예를 들어 당신은 각 단계에서 다음의 문제들과 마주칠 수 있다.

1단계 당신에게 어떤 아이디어가 있는데, 아무도 당신이 이 아이디어를 실행할 수 있다는 사실을 믿어주지 않는다. 주변 사람들이 당신에게 제발 '이성적으로' 행동하라고 충고한다. 이 단계에서는 무엇보다 흔들리지 않는 법을 배워야 한다. 어떤 의심도 없이 자신을 확고하게 신뢰하는 법을 강구해야 한다.

2단계 독립을 하고 싶지만 자본이 부족하다. 은행들은 아직 당신의 성공을 확신하지 못하기 때문에 대출을 거부한다. 하지만 성공을 하려면 자본이 필요하다. 이 단계에서는 자신의 성공을 위해 투쟁하는 방법을 배워야 한다.

3단계 사업을 시작했지만 주위의 인정은커녕 험담과 질투만 쏟아진다. 사람들은 당신에 관한 거짓 소문을 퍼뜨린다. 이 단계에서는 남들이 당신에 대해 뭐라고 말하든 개의치 않는 법을 배워야 한다.

4단계 파트너와의 문제로 어려움을 겪는 단계다. 파트너는 당신에게 '일을 무조건 혼자서 처리하려고만 한다'며 불평한다. 또 점점 초심을 잃고 출세욕을 드러낸다면서 당신을 이해하지 못한다. 이 단계에서는 파트너를 소외시키지 않고 함께 참여시키는 법을 배워야 한다. 그리고 파트너를 당신의 편으로 만들면 당신에게 큰 힘이 생긴다는 것을 깨닫게 된다.

5단계 이제 제품이나 서비스에 대한 고객층을 확보한 상태지만, 결제가 자꾸만 지연된다. 미수금의 규모가 상당하다. 이 단계에서는 예측하기 힘든 돌발 상황에 대비하고 비상금을 비축하는 방법을 배워야 한다.

6단계 성공만을 보고 달려오느라 건강상에 문제가 생긴다. 이 단계에서는 직업적 성공이 삶의 전부가 아니라는 사실을 배워야 한다. 이제는 삶의 다른 부분들에도 관심을 기울일 때다.

7단계 능력 있는 직원들이 시급하게 필요한데, 어디에서도 찾을 수가 없다. 이제 당신은 내려놓기와 건네주기를 배워야 한다. '우둔한 일꾼'을 두는 것과 진정한 기회를 공유할 인재를 얻는 것 사이에는 하늘과 땅만큼의 차이가 있다는 것을 절절하게 깨닫게 된다.

8단계 한동안 커다란 성공을 거둔 후 많은 것이 무너진다. 이 단계에서는 어떤 성공도 영원하지 않다는 사실을 배워야 한다. 당신이 서있는 정상은 나락으로 떨어지는 출발점이기도 하니까. 정상을 지나면 다시 골짜기가 나오지만, 골짜기를 지나면 다시 또 정상이 나오기 마련이다.

9단계 모든 것이 갈수록 의미 없는 것처럼 보인다. 더 이상 자신에게 동기부여를 하지 못한다. 어떤 일에 도전할 의욕도 없다. 이 단계에서는 삶의 본질적 의미를 깨우치고, 내면의 목소리에 귀 기울이고, 타인을 돌보는 데에 더 많은 관심을 기울여야 한다.

이상과 같이 살펴본 문제의 단계별 진화는 당신이 삶에서 얻을 수 있는 수많은 교훈들 중 극히 일부에 불과하다. 하나를 배우고 나면 어느새 다음 교훈이 모습을 드러낸다. 인생은 이렇게 흘러가도록 설계되어 있다. 하나의 교훈과 마주칠 때마다 당신에게는 두 가지 중 한 가지 일이 일어난다. 포기하거나 더욱 강해지거나.

연금술사들은 말한다.

"살다 보면 슬럼프에 빠질 때가 있다. 인생을 잘 살고 있는지 의문이 들 때도 있다. 그럴 때는 질문 하나를 떠올리면 된다. 지금 나에게 새로운 어려움이 들이닥치고 있는가? 만일 그렇다면, 당신은 슬럼프나 정체에 빠진 것이 아니다. 새로운 어려움이 찾아오고 있다는 것은 그만큼 당신이 발전했다는 증거이기 때문이다."

새로운 어려움이 저 멀리서 쳐들어오고 있는가?

쌍수를 들고 환영하라.

우리는 모두 그렇게 한 계단을 또 오른다.

최대한 많은
씨앗을 뿌려라

: 두려움과 걱정을 물리치는 데
최고의 무기가 되어주는 '추진력'을 기억하는가? 추진력은 문
제를 해결하는 데에도 최고의 효능을 우리에게 선물한다.

추진력을 높여놓으면 많은 문제들이 눈에 띄지도 않게 된
다. 강한 추진력을 확보한 상태에서는 다양한 어려움과 문제
들이 말 그대로 하찮은 장애물에 지나지 않게 된다. 전속력으
로 질주하는 기차가 레일 위 나무토막이나 쇳조각들을 가볍
게 통과하는 것과 마찬가지다.

《성경》에는 다음과 같은 이야기가 나온다.

성실한 농부가 있었다. 어느 날 그는 밭에 씨앗을 뿌리러 나

갔다. 그가 뿌린 씨앗들은 더러는 길가에 떨어지기도 했고, 새들이 와서 쪼아 먹기도 했다. 또 어떤 씨앗들은 흙이 없는 돌무더기로 떨어지기도 했고, 어두운 가시덤불에 떨어지기도 했다. 비옥하고 좋은 땅에 떨어진 씨앗들은 그다지 많지 않았다. 하지만 성실한 농부는 알고 있었다. 비옥하고 좋은 땅에 떨어진 일부 씨앗들이 수십 배, 수백 배의 결실을 선물해준다는 것을.

이 이야기에는 몇 가지 교훈이 숨겨져 있다.

첫째, 우리가 시도하는 모든 일이 성공을 거두지는 않는다. 모든 씨앗이 전부 열매를 맺는 것은 아니다. 따라서 우리는 최대한 씨앗을 많이 뿌려야 한다. 단 하나의 씨앗을 뿌려놓고 그 씨앗이 열매를 맺기만을 고대해서는 안 된다.

둘째, '적'에게 집중하지 말고 '자신'에게 집중해야 한다. 새, 돌무더기, 가시덤불은 씨앗을 뿌리는 사람의 적이다. 하지만 적을 없앤다고 해서 목표가 달성되는 것이 아니다. 성공하는 사람에게는 항상 적이 생기게 마련이다. 이는 자연의 법칙이다. 성실한 농부는 적이 나타나도 아랑곳하지 않는다. 그저 성실하게, 넉넉하게 씨앗을 뿌리면 결실을 맺는다는 것을 안다. 새들도, 가시덤불도, 돌무더기도 결코 자신의 성공을 방해하지 못할 것임을 안다.

셋째, 먼저 최선을 다해 씨앗을 뿌려야만 열매를 거둘 수 있다. 보상은 최후의 전리품이다. 최선을 다해 포기와 좌절, 두려움과 싸우고 나면 우주로부터 보상이 주어진다. 핑계를 대고 아무것도 하지 않으면 아무런 보상이 없다.

넷째, 우리에게는 끈기가 필요하다. 성장에는 시간이 필요하다. 씨앗을 뿌린 지 이틀 만에 열매를 거둘 수는 없다. 단순히 일하는 것만으로는 부족하다. 끈기 있게 일을 해야 성과를 얻는다.

마지막으로, 누구나 자신이 뿌린 씨앗을 거둔다. 좋은 씨앗을 뿌렸든 나쁜 씨앗을 뿌렸든 간에, 모두 자신이 거둘 수밖에 없다. 지금 당신이 어떤 씨앗을 뿌리고 있는지 각별하게 주의해야 한다. 지금 당신이 뿌리고 있는 당신의 씨앗에서 어떤 싹이 나올지, 어떤 꽃이 피어날지, 어떤 열매가 맺어질지 깊이 생각해보아야 한다.

연금술사들은 말한다.

"너무 지나치게 문제 해결에 매달리는 것은 좋지 않다. 일상적인 작업 루틴과 추진력을 확보한 상태에서, 그것들이 어디를 향해 가고 있는지 규칙적으로 점검해보는 것만으로도 충분하다. 추진력이 있으면 일일이 사소한 문제 하나에까지 신경을 쓸 필요가 없다. 포기할 틈도 생기지 않는다. 속도감을 갖고 앞으로 나가면서 가끔씩 옆과 뒤를 돌아보면, 당신의 삶은 몰라보게 탄탄해질 것이다."

나 또한 당신에게 이렇게 말하고자 한다.

"더 이상 아무것도 남아 있지 않더라도, 고난과 시련과 역경으로 단련된 멘탈의 힘만큼은 반드시 당신 곁에 남아 있다."

충만한 삶을
자신에게 선물하라

당신은 종종 살아가면서 이렇게 물을 것이다.

"무엇 때문에 이렇게 애를 쓰는 걸까? 기를 쓰고 살아야 할 이유는 무엇일까?"

안타깝게도 이에 대한 답은 내가 줄 수 없다. 당신이 그렇게 하는 데에는 오직 당신만의 이유가 있을 것이기 때문이다. 당신만의 소명과 목적이 있을 것이기 때문이다.

사람은 누구나 자신이 무엇을 해야 하는지, 무엇을 하고자 하는지, 내면의 목소리에 귀 기울일 수 있다.

고대 이탈리아 철학자 루키우스 세네카Lucius Seneca에 관한 이야기로 나는 이 책을 마무리해보고자 한다.

세네카의 생애는 그야말로 파란만장했다. 그는 로마에서 황제 다음으로 부유한 인물이었다. 하지만 서기 41년, 그는 클라우디우스 황제로부터 코르시카 섬으로 추방을 당했다. 그곳에서 그는 8년 동안 홀로 아무런 희망 없이 살아가야만 했다. 인생의 온갖 안락함과 사치와 권력을 하루아침에 빼앗긴 채로.

하지만 뛰어난 멘탈 연금술사였던 세네카는 다음과 같은 생각을 했다.

'지금 이 상황의 장점은 무엇일까?'

그는 이제 실제 현실에서 자신의 철학을 실천할 수 있겠다는 결론에 이르렀다. 그는 스토아 학파의 철학자였다. 스토아 철학자들은 죽음을 두려워하지 않는 자세와 소박한 삶을 중시한다.

세네카는 자신을 훈련시키는 데 이 고독한 섬보다 더 좋은 장소가 없을 것이라고 생각했다. 그러자 새로운 에너지가 가슴을 뛰게 했다. 그는 몇 년에 걸쳐 코르시카 섬에서 자신의 철학을 글로 기록하고 죽음에 대해 깊이 사색했다.

역설적이게도 이렇게 시간을 보내는 동안 그는 점점 더 행복해졌다. 부자가 아닌 자신의 본연의 모습을 점점 완성해나갔다. 나아가 죽음에 대한 두려움을 극복했고, 이를 통해 절대적 자유를 생생하게 느끼는 단계로 생을 끌어올렸다. 그는 이전보다 더 강해졌고 더없는 평안을 누렸다.

8년의 세월이 흘렀고 그에게 사면조치가 내려졌다. 로마로 복귀하라는 명령을 받고 돌아온 그는 열두 살 소년 루키우스 도미티우스의 개인교사가 되었다. 훗날 이 소년은 황제의 자리에 오르는데, 다름아닌 그 유명한 네로 황제다. 네로 황제의 집권 초기 5년 동안 세네카는 로마제국의 실질적인 섭정자 역할을 했다.

그는 네로 황제의 폭력성을 잠재우기 위해 끊임없이 투쟁해야 했다. 또한 그는 다시 부유해졌다. 황제가 가진 부에 뒤지지 않았다. 그러자 또다시 그를 시기하는 사람이 늘어났고, 그가 국가 재정을 가로채 부를 축적했다는 소문이 파다했다. 네로 황제가 그 소문을 믿기 시작했고 세네카는 살아남으려면 행동에 나서야 했다.

유배된 섬에서 소박한 삶을 사는 법을 배운 세네카는 자신의 막중한 권력과 지위를 포기하는 것이 그렇게 어렵지 않았다. 서기 62년, 그는 위협적인 시그널을 감지하고는 모든 공직에서 내려와 전 재산을 네로 황제에게 넘겨준 채 조용한 시골로 물러났다.

그후 약 3년 동안 그는 행복하게 살 수 있었다. 하지만 네로 황제는 결국 그에게 군인을 보내 자결을 명령했다. 세네카는 담담하게 이를 받아들이며 자신의 유언장을 변경할 시간을 달라고 요청했다. 얼마 남지 않은 재산을 친구들에게 유산으로 남기고자 했지만 그의 요청은 거부당했다.

세네카는 자신의 마지막 길을 지키고 있는 친구들에게 말했다.

"고마움의 표시로 그대들에게 얼마 안되는 돈이나마 남기고자 했으나 여의치 않게 되었군요. 그 대신 내게 남은 유일하고도 가장 가치 있는 재산, 즉 나의 '충만한 삶'이라는 본보기를 그대들에게 남기고 떠납니다."

말을 마친 세네카는 자신의 동맥을 끊은 다음 차분하고 고요하게 세상을 떠났다. 눈앞에 닥친 죽음도 그의 평온함을 방해하지 못했다. 그 자리에 있었던 모든 사람은 깊이 깨달았다.

'충만한 삶을 산 사람은 죽음을 두려워하지 않는다.'

나 또한 이 책을 통해 당신에게 남기고 싶은 마지막 말이 있다.

'충만한 삶을 자신에게 선물하라.'

나는 당신이 어떤 소명과 목적으로 당신의 삶을 살아가고 있는지는 모른다. 다만 당신이 충만한 삶을 살고 싶어 한다는 것은 안다. 그런 삶을 원하지 않는다면, 당신은 '왜 사는가?'와 같은 질문을 스스로에게 던지지도 않을 것이기 때문이다.

충만한 삶을 자신에게 선물하고, 충만한 삶을 타인에게 남기게 되면 우리는 어떤 죽음도 두려워하지 않게 된다. 재정적 궁핍이나 지위의 낮음을 한탄하지 않게 된다. 이 책의 전반에 걸쳐 누누이 강조하지만 '부족한 것'은, 무엇이 부족한지만 명확히 알게 되면 반드시 채워지고 회복된다. 그것이 인생이다.

연금술사들은 말한다.

"우리는 모두 죽는다는 것을 기억하라. 그러면 삶은 충만해질 것이다. 비로소 제대로 살기 시작할 것이다. 어떤 것도 포기하지 않고 두려워하지 않고 문제와 난관을 돌파해나가는 삶이 시작될 것이다."

충만한 삶을 살기 시작하면 우리는 '우리보다 더 큰 존재'와의 유대감을 느끼게 될 것이다. 이를 통해 더없이 소중한 시간과 공간 속에서 '지금 이 순간'을 살게 될 것이다.

끝으로 인도의 현자 달라이 라마Dalai Lama가 내게 들려준 말을 당신에게도 남긴다.

"지금 이 순간 당신이 극복해내는 힘든 상황은,

앞으로 다시는 당신에게 나타나지 않을 것이다."

○●○

멘탈 연금술사들의
지혜로운 조언

1. 돈 많은 부자가 아니라 지혜가 많은 부자가 되어야 한다. 돈은 우리 삶의 최종 목적지가 아니다. 돈은 우리 삶의 출발선이다.

2. '부자의 삶'의 반대말은 '빈자의 삶'이 아니다. '도망자의 삶'이다.

3. 누구나 자신이 잘하는 것은 잘한다. 성공하려면 잘하지 못하는 것을 잘해야 한다.

4. 실패하는 사람은 늘 고통 뒤에 숨지만, 금광이 거기에 존재한다는 사실을 절대 알지 못한다. 성공하는 사람은 늘 고통의 전위에 서 있지만, 고통의 뒤에 자신이 원하는 황금이 있다는 사

실을 잘 알고 있다.

5. 기적을 얻기 위해 우리가 해야 하는 일은 간명하다. 모든 장애
   물을 감당할 만큼 그릇이 큰 사람이 되는 것이다. 도처에서 직
   면하는 문제들을 충분히 소화해낼 만큼의 그릇이 큰 사람이
   되는 것이다. 그러면 우리는 놀라울 정도로 많은 것을 이루어낼
   수 있다.

6. 모든 부정적인 것은 긍정적이다. 새로운 걸음을 내딛기 전에 아
   무런 걱정이 들지 않는다면, 그건 그 걸음이 너무 작다는 증거다.

7. 무엇을 갖고 있는지보다 무엇을 활용할 것인지가 당신의 성공
   에 결정적 역할을 한다는 사실을 명심하라.

8. 승자가 위대한 이유는 하나다. 그들은 한 번도 진다는 생각을
   한 적이 없다는 것이다. 어떤 상황에서든 이길 수밖에 없는 이
   유를 만들어낸다.

9. 불안을 자유자재로 다룰 줄 아는 수준에 이르면 당신의 내면은
   목표한 모든 것을 이룰 수 있는 자신감과 에너지로 충만해진다.

10. 적극적인 행동이 인생을 바꾸는 유일한 답이다. 적극적으로

행동하면 문제가 사실은 '문제처럼 보이는 것'일 뿐, 생각지 못했던 새로운 가능성과 기회라는 것을 알게 되고, 여기에 매료된다.

11. 삶은 우리를 벌주지 않는다. 다만 우리를 가르칠 뿐이다.

12. 신은 우리가 감당할 만큼의 시련을 줄 뿐이다. 그 시련을 감당하고 나면 우리는 더 강해진다. 즉 신이 우리에게 준 시련은 축복과 선물의 다른 이름임을 명심하라.

13. 올라가는 것도 힘들고, 내려가는 것도 힘들다면 선택은 쉬워진다. 올라가는 쪽을 선택하는 것이 죽기보다 싫은 추락과 하락보다는 백 배 낫다. 만족보다는 도전을, 두려움보다는 용기를, 포기보다는 극복을, 안전보다는 모험을 선택하는 것이 백 배는 쉽다.

14. 지금 나에게 새로운 어려움이 들이닥치고 있는가? 만일 그렇다면, 당신은 슬럼프나 정체에 빠진 것이 아니다. 새로운 어려움이 찾아오고 있다는 것은 그만큼 당신이 발전했다는 증거이기 때문이다.

15. 더 이상 아무것도 남아 있지 않더라도, 고난과 시련과 역경으

로 단련된 멘탈의 힘만큼은 반드시 당신 곁에 남아 있다.

16. 우리는 모두 죽는다는 것을 기억하라. 그러면 삶은 충만해질 것이다. 비로소 제대로 살기 시작할 것이다. 어떤 것도 포기하지 않고 두려워하지 않고 문제와 난관을 돌파해나가는 삶이 시작될 것이다.

옮긴이 박성원

이화여대 독문학과를 졸업하고 한국외국어대 통역번역대학원에서 동시통역을 전공했다. 2005년 프랑크푸르트 국제도서전에서 '한국의 책 100' 번역자에 선정되었다. 옮긴 책으로《내가 혼자 여행하는 이유》《마음의 오류》《모두가 열광하는 셀프 마케팅 기술》《리더십: 소크라테스부터 잭 웰치까지》《지구는 왜 점점 더워질까》등 다수가 있다.

멘탈의 연금술

1판 1쇄 발행 2020년 12월 14일
1판 13쇄 발행 2023년 1월 5일

지은이 보도 섀퍼
옮긴이 박성원
발행인 오영진 김진갑
발행처 토네이도미디어그룹㈜

기획편집 박수진 박민희 유인경 박은화
디자인팀 안윤민 김현주 강재준
마케팅 박시현 박준서 조성은 김예은
경영지원 이혜선 임지우

출판등록 2006년 1월 11일 제313-2006-15호
주소 서울시 마포구 월드컵북로5가길 12 서교빌딩 2층
원고 투고 및 독자 문의 midnightbookstore@naver.com
전화 02-332-3310 팩스 02-332-7741
블로그 blog.naver.com/midnightbookstore
페이스북 www.facebook.com/tornadobook

ISBN 979-11-5851-198-2 03190

토네이도는 토네이도미디어그룹㈜의 자기계발/경제경영 브랜드입니다.

이 도서의 국립중앙도서관 출판예정도서목록(CIP)은 서지정보유통지원시스템 홈페이지(http://seoji.nl.go.kr)와 국가자료공동목록시스템(http://www.nl.go.kr/kolisnet)에서 이용하실 수 있습니다.
(CIP제어번호: CIP2020046812)